研学旅行
理论与实务

陈大六　徐文琦 ◎著

华中科技大学出版社
http://www.hustp.com
中国·武汉

内 容 简 介

本书是对研学旅行理论与实践进行学术研究的成果。

本书共五章,内容包括导论、研学旅行理论基础、研学旅行课程设计与实施、研学旅行服务与管理、研学旅行课程案例。书后还有附有研学旅行基地(营地)设施与服务规范,列举了研学旅行中的常见问题。

本书可供中小学教师、研学旅行管理人员,以及旅行社等研学旅行专业机构从业人员参考使用。

图书在版编目(CIP)数据

研学旅行理论与实务/陈大六,徐文琦著.—武汉:华中科技大学出版社,2020.7(2022.8重印)
ISBN 978-7-5680-6329-6

Ⅰ.①研… Ⅱ.①陈… ②徐… Ⅲ.①教育旅游-研究 Ⅳ.①F590.75

中国版本图书馆 CIP 数据核字(2020)第 122781 号

研学旅行理论与实务 陈大六 徐文琦 著
Yanxue Lüxing Lilun yu Shiwu

策划编辑:余 雯	
责任编辑:张 琳	
封面设计:原色设计	
责任校对:阮 敏	
责任监印:周治超	
出版发行:华中科技大学出版社(中国·武汉)	电话:(027)81321913
武汉市东湖新技术开发区华工科技园	邮编:430223
录 排:华中科技大学惠友文印中心	
印 刷:武汉科源印刷设计有限公司	
开 本:787mm×1092mm 1/16	
印 张:11	
字 数:260 千字	
版 次:2022 年 8 月第 1 版第 4 次印刷	
定 价:39.80 元	

本书若有印装质量问题,请向出版社营销中心调换
全国免费服务热线:400-6679-118 竭诚为您服务
版权所有 侵权必究

前　言

　　自2013年《国民旅游休闲纲要(2013—2020年)》将研学旅行首次提升至国家倡导的层面以来,研学旅行已成为贯彻教育部《中小学综合实践活动课程指导纲要》、落实立德树人根本任务、完善实践育人的重要载体。在教育部等11部委的共同努力下出台了《研学旅行服务规范》,并公布了国家级中小学生研学实践教育基地、营地。按照全面实施素质教育的要求,研学旅行正式纳入中小学生日常德育、美育与体育教育范畴。从政策颁布的历史起点与价值取向上看,研学旅行实现了从旅游部门"以促进休闲旅游投资与消费为目的,开展具有寓教于游的课外活动",向教育部门将其"纳入中小学教育教学计划,作为国家教育发展'十三五'规划重要内容"的纵深发展。这一变化体现了研学旅行在政策上的广泛交集,在产业上的深度融合。受此影响,我国青少年研学基地(营地)获得了难得的发展契机,促进青少年全面发展,落实素质教育,促进休闲旅游的发展,为研学旅行赋予了更加多元的社会价值。不仅如此,研学旅行作为一项产业融合特征明显的新业态,在教育、休闲、旅游等产业的合力作用下,势必为相关行业各利益主体的价值实现与创造提供更多机遇。

　　在明确的政策指引与市场感召下,各景区、开发商、旅行社、教辅机构等相继进入研学旅行这一范畴。作为新兴服务业,研学旅行具有传统服务业的一般属性:劳动、知识、技术密集程度高;以无形产品为主,服务提供者(研学导师)与消费者(学生)就地、实时交易。不过,研学旅行也表现出区别于其他服务业的明显特征,即所提供的服务具有教育属性,未成年人为主要消费者,服务价值具有明显外部效应。上述特征也充分体现了研学旅行的核心价值——促进青少年全面发展。研学导师不仅是在研学旅行中负责活动指导、生活辅导及监管的主要工作人员,还是将研学旅行课程理念传播给学生的践行者、服务提供者,空间上的"贴近"与心理上的"依赖"关系,体现了研学导师在一定程度上决定着研学旅行教育服务的最终质量。正如美国营地协会(ACA)对营地指导员重要性的概括:营地指导员是营地最重要的资产;优秀的指导员意味着优秀的营地。这句经典的论断对于研学导师来说同样适用。

　　尽管当前国内研学旅行市场呈现百舸争流、欣欣向荣之势,但从微观层面分析,行业发展制约因素也逐渐凸显:多数从业者执业时间短,缺少必要的行业相关经验积累;专业背景多以转型或跨界为主,专业认知程度参差不齐;在商业机构作为主要利益主体的背景下,对投资回报的诉求与教育事业公益属性的利益难以权衡;行业监管与合规程度还亟待健全。用辩证法的思维分析上述制约我国研学旅行事业发展过程中的矛盾,可将主要矛盾落脚于"人",即研学导师,这是因为人的要素在社会生产经营活动中最具有能动性,体现在研学旅行层面反映了研学导师的决定性作用;随着市场纵深发展,人力资本的作用将越来越大。而在主要矛盾内部,研学导师则是矛盾的主要方面。

  本书包括导论、研学旅行理论基础、研学旅行课程设计与实施、研学旅行服务与管理及研学旅行课程案例五章,对研学旅行进行了细致分析,以期从认知与实操层面为研学导师提供借鉴。

编　者

目录

第一章　导论/1

第一节　研学旅行概述/2
第二节　研学旅行的特征及原则/4
第三节　研学旅行的意义/5
第四节　研学旅行在国外的发展/7
第五节　研学旅行在国内的发展/14

第二章　研学旅行理论基础/20

第一节　体验式学习理论/20
第二节　PBL项目制学习/25
第三节　学生发展核心素养/39

第三章　研学旅行课程设计与实施/45

第一节　研学旅行课程设计/45
第二节　研学旅行课程实施/57

第四章　研学旅行服务与管理/71

第一节　教育服务/71
第二节　交通服务/72
第三节　住宿服务/73
第四节　餐饮服务/74
第五节　医疗及救助服务/75
第六节　安全管理/76

第五章 研学旅行课程案例/81

课程一　探秘课本上的诗书情韵——安徽马鞍山/81
课程二　少年峡课行——游三峡研大坝访屈原故里/88
课程三　厚德传承岭南松塘/95
课程四　华为——中国制造的骄傲/103
课程五　爱我中华，研学民族传统文化——千家苗寨古风韵/111
课程六　一山、一水、一圣人——文化圣地、研学山东/121
课程七　晓看红湿处，花重锦官城——成都/130
课程八　首都北京，沿着一道神奇的中轴线/139

附录A　研学旅行基地（营地）设施与服务规范/151

附录B　研学旅行中的常见问题/160

参考文献/169

第一章
导论

　　自古以来,中国文人就有游学之风,读万卷书,行万里路。孔子携弟子周游列国,宣传礼乐,考察风情;唐代高僧玄奘西去印度,克服万难,取回佛经;诗仙李白游历祖国大好河山,谱写了清新灵动、豪放飘逸的不朽诗歌;沈括从小随父游历,记录游历所见所闻所感,聚沙成塔,集腋成裘,终成"中国科学史上的坐标"——《梦溪笔谈》;徐霞客胸怀"大丈夫当朝碧海而暮苍梧"的远大凤愿,足迹踏遍祖国的名山大川,一事一记、一景一画,著有传世之作《徐霞客游记》。陶行知先生倡导研学旅行,并积极推动"新安小学长途研学旅行团"全国旅行,一路修学,一路宣传抗日,慰劳抗日军人,成为当时闻名国内外的"新旅"。

　　改革开放后,我国与世界各国的文化交往日益频繁,研学旅行作为一项有特色和有意义的专项旅游项目有较大的发展。初期研学旅行多以冬令营、夏令营等形式出现,目前国内比较有代表性的经营冬/夏令营的旅行社已有17年的发展历史。首个"修学旅行中心"于2003年在上海成立,该中心还组织专业人员编写出版了《修学旅行手册》,倡议江苏、浙江、安徽等地区联合打造华东研学旅行文化游黄金线路。2006年山东曲阜举办了"孔子修学旅行节",这是第一个修学旅行节庆活动,借此弘扬中国儒家文化。伴随着新课程改革的深入,研学旅行被逐步纳入学校教育教学计划之中。2008年,教育改革的先行省份——广东省,率先把"研学旅行"写进中小学的教学大纲,并将"研学旅行"作为中小学的必修课程之一。为了扩大中小学生"研学旅行"综合实践教学活动,教育部门采取先试点后推广的举措。2012年以来,国家在全国选取了8个省(区、市)开展研学旅行试点工作,同时选定了12个地区作为全国中小学生"研学旅行"实验区。在"研学旅行"试点实验阶段,各地各单位开展了各具特色的"研学旅行"活动。在研学旅行试点工作的基础上,国务院办公厅2013年2月2日印发了《国民旅游休闲纲要(2013—2020年)》,在此文件中提出"逐步推行中小学生研学旅行"的设想。

第一节 研学旅行概述

"研学旅行"的概念最早是在2013年国务院办公厅印发的《国民旅游休闲纲要（2013—2020年）》中提出的。关于"研学旅行"的定义，国内诸多学者有着不同的见解。学者文红认为，研学旅行是以一个专题为目标，以在校学生为主体，以教师等其他人员为补充，以增长技艺、增长见识为目的的一种专项教育活动。研学旅行突出一个"学"字，要求参加者在旅行的过程中要学有所思、学有所悟、学有所获。学者陈非认为，研学旅行是以提高国民素质为主旨，以一定的研学资源为依托，以特定的旅游产品为载体，以个人的知识研学为目标，以旅行为表现形式的市场化的专题旅游项目。研学旅行介于游与学之间，融合了游与学的内容，是一种以游相伴、以学为主的旅行。原教育部基础教育一司司长王定华认为，只有在有组织、有计划的集体旅游过程中，同学们在老师或者辅导员的带领下一起活动，一起动手，共同体验，相互研讨，才是研学旅行。

《关于进一步做好中小学生研学旅行试点工作的通知》中对"研学旅行"的解释为：面向全体中小学生，由学校组织安排，以培养中小学生的生活技能、集体观念、创新精神和实践能力为目标，通过集体旅行、集中食宿的方式开展的一种普及性教育活动，是加强和改进未成年思想道德建设的重要举措，是推动学校教育和社会实践相结合、全面推进素质教育的重要途径，重点突出全员参与、集体活动、走出校园、实践体验。

《研学旅行服务规范》(LB/T 054-2016)明确提出"研学旅行是以中小学生为主体对象，以集体旅行生活为载体，以提升学生素质为教学目的，依托旅游吸引物等社会资源，进行体验式教育和研究性学习的一种教育旅游活动"。

2016年11月30日，教育部、国家发展改革委等11部门印发的《关于推进中小学生研学旅行的意见》中对"研学旅行"再次定义："中小学生研学旅行是由教育部门和学校有计划地组织安排，通过集体旅行、集中食宿方式开展的研究性学习和旅行体验相结合的校外教育活动，是学校教育和校外教育衔接的创新形式，是教育教学的重要内容，是综合实践育人的有效途径。"

研学旅行作为学校教育的补充、素质教育的途径，通过辅助学校教育，帮助中小学生全面培养核心素养，是一种自然主义教育、生活教育、休闲教育。

（一）研学旅行是一种自然主义教育

自然主义教育源远流长，它代表了一种遵守自然秩序、遵从自然本性的教育观。西方自然主义教育的代表人物上溯到亚里士多德，中间经夸美纽斯、卢梭正式确立，最终发展成为颇有影响的教育流派。亚里士多德认为，教育应该遵守一种自然的秩序，应该从儿童身心发展的规律出发，"首先要注意儿童的身体，其次留心他们的情欲培养，然后才及于他们的灵魂。"这种注重儿童身心教育的观点，对于改变我们重知识教育而轻素质教育的倾向至今仍有启发。文艺复兴时期，人文主义教育家拉伯雷反对经院派的教育方式，主张受教育者应该走到大自然当中，直接学习自然知识。他要求教师指导儿童在大自然中研究天文学知识，在田野里学习植物学，在草地上观察一草一木。这种教育方式就是通过把教育的场所由封闭的学校引向开放的大自然，观察、认识并体验大自然中的一切。这种教育方式是灵活的，也是符合儿童身心特点的。

捷克著名教育家夸美纽斯，是西方自然主义教育的系统构建者，他主张教育应该符合一种"自然适应性"原则,认为儿童的成长如同自然界的植物、动物一样,要顺其自然,符合自然的规律。他指出,人所应该学的知识必须通过实践来学会,也就是不停地去实践并重复,才能真正学到东西。因此,那种灌输型的教育就是违背了知识传授的规律。他主张,旅游与体验的教育方式是一个人成长中非常重要的学习方式。因为通过旅游体验,学生可以了解并探索自然本质及人类所创造的事物的规律与特点。

卢梭是自然主义教育的巨擘,他主要是从人的自然本性出发,强调顺其自然与主体的自由性。正如康德所说,卢梭发现了人的内在本性。卢梭的教育观注重从人的直观性出发,反对死记硬背与强硬灌输,主张减少不必要的人为因素,要求受教育者应走向大自然、走向社会,对自然万物进行直接的接触与观察。他在自己晚年的隐居生活中,每天去大自然中观察植物,获取植物学的知识,堪称自然主义教育的典范。

中国的自然主义教育更是源远流长,道家应该是自然主义教育的鼻祖。道家认为"为学日益,为道日损"(《道德经·第48章》),一个人的成长要遵循一种自然而然的法则,向自然学习,正所谓"山林与,皋壤与,使我欣欣然而乐与"(《庄子·知北游》)。在大自然中,人的情感是迸发而喜悦的。"天地有大美而不言,四时有明法而不议"(《庄子·知北游》),大自然蕴藏着奥秘,它需要人融入其中,寻获游鱼之乐。《论语》开篇就是"学而时习之不亦说乎"(《论语·学而》),"习"绝非坐而论道,而是不断实践的意思。孔子周游列国,"入太庙,每事问"(《论语·八佾》)。曾点的舞雩之乐,也被认为是参悟天地境界的游学方式。后世儒家也多把接触自然、观察自然看作是得道的重要途径,正所谓"万物静观皆自得"(程颢《秋日》)。

中西自然主义教育虽然有所不同,但毫无疑问的是,自然主义应该是教育发展始终坚持的一个原则。这种教育观点所倡导的受教育者走向大自然、顺其自然本性而教育的理念,都是现今研学旅行活动所要重新加以思考并遵循的。

(二)研学旅行是一种生活教育

如果说自然主义教育是研学旅行教育的原则的话,生活教育理论则指明了研学旅行的教育内容及教育手段。生活教育的倡导者中比较著名的莫过于美国的杜威及中国的陶行知了。就教育的内容而言,所谓生活教育,就是生活中的一切都可以作为教育的内容,教育是为了生活,怎么样生活就怎么样教育。正如陶行知指出的:"马路、弄堂、乡村、工厂、店铺、监狱、战场,凡是生活的场所,都是我们教育的场所。"在这方面,杜威与陶行知的观点一致。就教育的手段而言,生活教育反对把学生关在学校里(犹如把鸟儿关在鸟笼里),主张应该实行开放的教育,让学生到生活中体验,"以青天为顶,以大地为底,以二十八星宿为围墙,人类都是同学。"陶行知这种行知合一的教育思想,超越了美国的杜威。后者是把生活安置在学校教育中,教育依然是闭门办学;前者则把教育放在广阔的生活场景中,教育是开门办学,是开放式的教育。苏联的苏霍姆林斯基提倡教师要从生活世界的角度去教育学生,他认为:"智育是一种复杂的过程,它包括形成世界观信念,使智慧富于思想方向性和创造方向性,而这又跟校内教学教育过程与校外社会生活和谐结合起来的那种个人的劳动和社会积极性处于紧密统一之中。"因此,学生要从劳动、自然、旅行与游戏中获得教育。

生活教育理论对我们开展研学旅行活动的启发是重要的。可以说,我们现在之所以要在中小学生中推行研学旅行课程,把研学旅行纳入教学计划中,就是为了强调教育理应回归生活世界,教育理应面向生活、服务生活,让学生从生活中获得新知。我们不仅需要知识的教育,更需要生活的教育;我们不仅需要在书本上学习知识,更需要从各色生活中习得知识,得到情感的陶冶、素质的提升。教育是生活的一部分,生活是最好的教育。

(三)研学旅行是一种休闲教育

休闲是生活中很重要的一项内容,甚至是生活的大部分内容。它关系到人的生活质量及个体的生活满意度与幸福感。长久以来,在功利主义盛行的形势下,教育成了生存的工具、手段,学习工作的技能成为教育的主要目的。这样的教育在一定程度上忽视了日常生活的重要性,尤其是忽视了日常生活中休闲的重要性。一般意义上,休闲就是闲暇的时间,它是主体可以自由支配的空余时间,是人自由表现自我、实现人生价值的重要时间。工作并非生活之全部。就人的一天而言,至少有1/3的时间是非工作时间;就人的一生而言,超过2/3的时间都是非工作时间。在非工作时间中,人如何度过并恰当地处理好自我与周围世界的关系,以及自我与他人的关系,都是值得受教育者充分重视的事情。美国著名休闲学者杰弗瑞·戈比认为,"成功地使用休闲,有三个重要观念:创造性、学习和乐趣。"他积极倡议学生要自由选择去玩,去探索居住的那片土地,去开发新的爱好。有学者指出,"休闲作为教育的背景"涉及"通过休闲实现的教育",包括在正规和非正规的学习环境中,如教室、操场、夏令营,以及社区教育项目中进行的教育。因此,无论是课内还是课外,这种休闲教育的理念应该得到普及,而走出校门进行研学旅行的教学活动,无疑是更富有成效的一种教育方式。

正是由于长期以来休闲教育的缺失,导致许多学生不会正确地利用闲暇时间,常常在闲暇时感到无所事事;而当从事休闲活动时,又有很多不恰当的选择及不恰当的行为。休闲教育的缺乏,也导致长久以来强调的素质教育成为一句空话,学生的全面发展更无从谈起。随着人类文明整体进程的加快发展及物质财富的持续增长,21世纪人类社会会迈进"休闲时代",这就要求受教育者应更加全面、更加理智地面对生活,能够自由地实现自我价值。因此,休闲教育课程体系的设置、休闲理念的传播、休闲实践的引导就显得尤为迫切了。

另外,休闲教育除了体现为一种生活的教育,同时也体现为教学方法的革新。休闲是一种价值,是成为人的过程;休闲还意味着快乐(富有情趣)的体验。这种体验的特征反映在教育领域里,则是"寓教于乐"的教学方法。研学旅行通过精心设计课程,引导学生走出校园、走向社会,以一种旅行的方式感知世界。这种教育形式就是一种休闲教育,它能让学生学习旅行的经验,并在充满体验感知的过程中获得成长的快乐。

第二节 研学旅行的特征及原则

研学旅行因为自身的独特性,其目的、功能、活动场所等较传统的学校教育有着明显的区别,同时国务院相关文件也明确提出了实施原则,为研学旅行活动的开展提供方向和保障。

(一)研学旅行的特征

1. 旅行目的的双重性——旅行目的对应教学目标

研学旅行寓教于游、游学相伴的形式决定了其具有旅行与学习的双重目的,这是研学旅行区别于其他旅游形式的首要特征。与其他旅游形式的旅游目的源自旅游者主观意愿不同,研学旅行的旅行目的要对应课程教学目标,其教学目标还要体现班级、学校等群体的集中要求乃至国家意志。如《国务院关于促进旅游业改革发展的若干意见》规定研学旅行的目的是在青少年中开展爱国主义和革命传统教育、国情教育，增进学生对自然和社会的认识，培养其社会责任感和实践能力。同时明确规定了小学阶段以乡土乡情为主、初中阶段以县情市情为主、高中阶段以省情国情为主的研学内容。

2. 旅行活动的双功能——旅行行程对应课程内容

研学旅行目的的双重性决定了其旅游与教育的双功能，即学生在研学旅行活动的全过程中不仅能获得旅游带来的新鲜、轻松和娱乐，满足求新、求异、审美等心理需求，还能获得知识的增长和完成相应的学校教育。因此，研学旅行行程要对应好课程内容。只有既是游程又是课程的实景教学，才能实现生动活泼和形象直观的高效课堂。

3. 活动场所的双栖息——研学目的地对应教学课堂

与一般景区游览活动不同，研学旅行中的景区游览与课程学习紧密关联。因此，选择寓学于游的景区对于开展"学"与"行"的有机结合十分关键。

4. 旅行策划的双向性——旅行指南对应专用教材

研学旅行产品是旅游与教育融合的产物，是一种特殊的专题旅游产品，其策划设计时应充分考虑"学"与"行"的双向需求，既要注重研究学生的身心特点、学习需求及教育规律，突出专业性、知识性、教育性，又要满足游乐、新奇、审美、愉悦等旅游心理需求。这都要求研学课程的设计者应具有旅游与教育的交叉学科知识，不仅要懂得旅游产品的构成要素、组合设计的原则及方法，更应掌握课程、教材、教学等教育理论，甚至能编制出对应旅游指南的专用教材。

（二）研学旅行的原则

1. 坚持教育性原则

研学旅行要结合学生身心特点、接受能力和实际需要，注重系统性、知识性、科学性和趣味性，为学生全面发展提供良好的成长空间。

2. 坚持实践性原则

研学旅行要因地制宜，呈现地域特色，引导学生走出校园，在与日常生活不同的环境中拓宽视野、丰富知识、了解社会、亲近自然、参与体验。

3. 坚持安全性原则

研学旅行要坚持安全第一，建立安全保障机制，明确安全保障责任，落实安全保障措施，确保学生安全。

4. 坚持公益性原则

研学旅行不得开展以营利为目的的经营性创收，对贫困家庭学生要减免费用。

第三节 研学旅行的意义

研学旅行作为适应全域旅游发展而生的新型旅游产品和业态，借素质教育之东风，丰富资源之基础，逐渐成为旅游市场中的新热点，为了引导研学旅行健康良性发展，真正实现其对全域旅游发展之助力，2016年12月国家旅游局正式发布了《研学旅行服务规范》，研学旅行发展有了国家层面的规范和标准。

目前，国家重点鼓励发展以中小学生为主体的研学旅行，强调旅行体验式教学和素质教育的功能,在具有游乐性质的旅行中融入学习和教育的元素,在亲近人文与自然的过程中陶冶情操,丰富见识。细细分析国家鼓励研学旅行发展之决心,不难发现国家对研学旅行发展有多方面的深远思考。

1. 看旅游主体——新细分市场,刺激消费

研学旅行以中小学生为主要对象,有别于一般的旅游产品,不仅能够锻炼中小学生的独立生活能力、培养集体意识、开拓视野、提升综合素质,而且更加注重旅行的教育功能,有明确的教学目的,能够促进学生的全面发展。

同时,相对于传统教育的灌输性、教学单一性,研学旅行的趣味性和丰富性使学生更乐于接受。研学旅行在欧美发达国家已经得到相当成熟的发展,在我国则主要以夏令营、春秋游的形式缓慢地发展着。研学旅行的发展将目光投向了尚未得到充分开发的中小学生市场,刺激了庞大的中小学生群体及其背后家长群体的消费,为产品千篇一律的旅游市场注入新的活力,也为旅游投资者和从业人员提供了新的方向。

2. 看旅游介体——新型职业,加强建设

研学旅行因其特殊性,具有明确的教学目标,因而对相关工作人员的职业素质提出了更高要求,除旅游者衣食住行等相关事宜须照管协调外,工作人员还需掌握相应的教学技能和专业知识,具备更强的职业素养。《研学旅行服务规范》规定了旅行社作为承办方应当提供由一名总体协调的项目组长、一名负责安全防控教育的安全员、一名总体负责研学教育工作的研学导师、一名提供导游服务和配合工作的导游人员组成的服务人员体系。研学旅行涉及的诸多复杂要求,必将催生更为细化专业的新型职业,这些工作人员目标一致、各司其职、协作配合,为研学旅行的顺利开展保驾护航。

新型职业的诞生意味着对导游员的培训内容不能只蜻蜓点水般停留在常规的导游服务上,教育学、心理学等教学知识也应纳入人才培养体系中,从而培养出一批不仅承担导游职责更肩负起教育引导责任的高素质人才。随着研学旅行相关工作人员群体队伍的壮大,导游队伍的平均水平也将得到提升。同时,研学旅行导游队伍建设的加强也将带动其余类型旅游导游队伍的建设,行业导游人员平均素质低的"顽疾"也将逐步"根治"。

3. 看旅游客体——挖掘价值,综合开发

传统旅游目的地往往以游览观赏性强、刺激体验性强或名气大的景区景点为主,一些娱乐性稍弱但具有极佳人文教育价值的旅游目的地如博物馆、红色遗迹遗址、国防教育基地等则关注度较弱,有价值的旅游资源"养在深闺少人识",殊为遗憾。强调教学功能的研学旅行则往往对这些景点青睐有加,视为珍贵且难得的"教材",在"教材"的指导下,"教学"将更为生动且富于人文价值。再加之研学旅行内容的特殊性,即不是单一的景点或景区本身,而是依托资源开发的综合研学产品,这势必将推动当地旅游资源整合与综合开发,利于综合旅游目的地的建成,助力全域旅游发展。

4. 看旅游成果——人才培养,教育价值

2014 年发布的《国务院关于促进旅游业改革发展的若干意见》明确提出将研学旅行纳入中小学日常德育、美育、体育教育范畴。不难预见,研学旅行将在中小学生人才培养中发挥重要作用。研学旅行不仅强调以旅游目的地吸引物为依托展开的专项性教育,亦有贯穿旅程始终的安全教育、旅游文明教育和生活习惯教育等,并且设置一定参与体验

式的活动,在丰富见识、提升素质的同时还能增强学生自主动手和集体生活的能力,促进学生的全面发展。

研学旅行的发展意义是多方面的,不仅为旅游市场带来一个新的经济增长热点,实现旅游创收,财富涌流富民,更充分说明旅游业不是一个"孤岛",融合教育等元素综合开发,就能发挥出"1+1＞2"的巨大价值。尽管研学旅行在我国尚处在初级阶段,但相信,在国家政策的积极推动下,在大方针的科学指导下,在旅游人的努力下,理想终会成为阳光下的现实!

第四节　研学旅行在国外的发展

世界上许多国家都有"研学旅行",虽名称不同,但本质上大同小异。纵观研学旅行与营地教育行业相对成熟的国家和地区,多已建立较为成熟的研学旅行与营地教育行业规范体系,并把研学旅行与营地教育作为青少年教育的重要环节纳入正统教育体系中。在不同国家和地区,研学旅行与营地教育有不同的概念与表现形式。典型国家和地区研学旅行与营地教育行业发展特点如表 1-1 所示。

表 1-1　典型国家和地区研学旅行与营地教育行业发展特点

典型国家或地区	研学旅行与营地教育行业发展特点
美国	起步时间较早;覆盖主题内容丰富,硬件配套设施齐全;相关法律法规完善
日本	修学旅行覆盖率高;已形成公共财政补贴;政府设立了严格的管理制度
加拿大	自然资源丰富;以户外旅行、露营等方式为主;学校普遍会专门组织相关活动
澳大利亚	夏令营和童子军多种形式;与学校教育结合;服务周期较短;设置监护人和临时监护人
英国	旺季为夏季;有夏令营和童子军多种形式;主题丰富,时间灵活
新西兰	自然资源丰富;课程主题多样;相关规范有教育部委层面的顶层设计
新加坡	注重通过营地教育强化学生的素质与能力;高校设立指定学科,支持专业人才培养
中国香港	社会参与程度高,有政府资助与社会资助;有良好的境外游学氛围
中国台湾	民间企业促成整个行业发展;服务形式以泛游学为主

(一) 日本修学旅行

我国推进的研学旅行和日本的修学旅行十分接近。在日本,研学旅行被称为修学旅行,日本修学旅行是由教师带领学生到文化、产业等重要基地参观,加深学生对课程知识的理解及陶冶情操的团体旅行,一般在小学、中学、高等学校阶段的最后一学年进行,也有部分中学由于入学、入社、考试等原因,将活动放在入学第二年进行。其学校渗透率已高达 98%,是日本基础教育阶段各级各类学校必须开展的一项富有时代意义的教育活动,也是日本学校最具特色和最受欢迎的活动,作为日本国民教育的一门"必修课",具有独特的价值。

修学旅行是短暂的学生时代里,学生难得的全天候相处的时光。在朝夕相伴的过程中,学生获得独特的生活体验,形成良好的人际关系和积极的生活态度;学生还会接触到一些与平时完全不同的生活环境,感受别样的自然与文化,既可以增长自身的见闻,又可以学到有关集体生活和公共道德方面的知识。

1. 发展历史

日本的修学旅行历史悠久,最早可追溯到明治时代,距今已有130多年的历史。1882年(明治15年),栃木县第一中学的学生们在教师的带领下参加了东京上野举行的第二届"实业发展促进展览会",这次活动被认为是日本修学旅行的萌芽。1886年(明治19年),东京高等师范学校(现筑波大学)举行了从东京徒步行走至千叶的"长途远足"活动,历时11天,这次活动是日本修学旅行的真正开端。此后,修学旅行进入全新的发展阶段,1887年(明治20年)4月20日发行的《大日本教育杂志54号》首次正式使用"修学旅行"一词。

1896年(明治29年),长崎县县立长崎商业学校(现长崎商业高中)学生到上海进行修学旅行,这是日本历史上最早出现的国外修学旅行。进入20世纪后,日本的修学旅行因战争原因一度中断,直到第二次世界大战结束后才重新恢复并获得进一步发展。

1946年(昭和21年),日本文部省正式将修学旅行纳入国家教育体系。1955年,日本建立公益财团全国修学旅行协会,保障修学旅行的安全,并专门开展修学旅行的研究。基于此,1959年日本建造了从东京到大阪的专用列车,并在1968年正式开通专供修学旅行使用的新干线。此后,修学旅行的交通工具不断发展,20世纪70年代末一些私立高中的学生开始乘坐飞机完成修学旅行。

2. 政策法规

推行修学旅行的国家众多,但像日本这样将修学旅行正式纳入学校教育体系的并不多见。

20世纪50年代,被誉为日本"教育法之母"的《教育基本法》针对修学旅行提出"培育尊重生命、珍爱自然、保护环境的态度,培育尊重传统文化、热爱祖国乡土及为国际和平与发展做出贡献的态度"等一系列目标,在1969年修订的《初中学习指导要领》和1970年修订的《高中学习指导要领》的基础上做出了更详尽的阐述,"要把修学旅行作为落实教育目标(尊重生命、珍爱自然、保护环境)的重要载体之一,培育尊重传统和文化、热爱祖国和乡土及为国际和平与发展做出贡献的态度。"

进入21世纪,修学旅行迎来了发展的巅峰时期。2004年日本文部科学省发布修订后的《中小学学习指导要领》,在"特别活动"这章中规定:修学旅行乃是属于学校生活中的"旅行、集体住宿",其目的在于"让学生处于与平常不同的生活环境之中,亲近自然与文化,同时累积集体生活之经验且加强公共道德之培养"。2017年3月,日本新修订的《小学学习指导要领》和《初中学习指导要领》对修学旅行的意义进行了进一步的拓展:修学旅行的形式主要以远足和宿泊体验学习为主。组织开展修学旅行,旨在让学生在与平时不同的集体住宿活动中,在与大自然接触及了解乡土文化与历史的过程中,增长见闻、开阔视野,同时建立良好的人际关系。

此外,日本政府不断加大对修学旅行的财政投入,不但与地方政府共同承担旅行所需费用,而且承担的比重逐年增加。政府还额外设立了专项补助金,用于对家庭困难学生的援助,确保所有学生都能够顺利地参加修学旅行。

在旅行风险方面,日本社会拥有完善的社会保障体系,几乎每个孩子在出生后都会购买意外保险,若在修学旅行过程中不幸发生意外事故,且确定学校无责的情况下,社会、家长能以协商或法律的手段面对事实并解决问题。

由此可见,完善的法规政策为日本修学旅行的顺利开展提供了强有力的政策支持。

3. 典型发展模式

日本修学旅行的典型发展模式主要有以下四种。

(1) 政府部门主导型修学旅行模式。

政府部门的大力支持是日本修学旅行取得成就的重要保证。一方面,日本中央政府明文规定各级教育必须开展国内外修学旅行,并且制定了相对完善的修学旅行相关政策。如日本以跨部会方式,文部科学省、总务省与农林水产省联合推动小学生五日农村体验与独立生活课程。另一方面,日本制定国内、海外修学旅行实施基准,分地区、年级,对旅行的时间、费用、实施学年、实施方向、引导教职员等作出明确规定及修学旅行实施细则,规定辖区内的中小学校必须遵照执行。对修学旅行活动内容、指导教师、应急管理等进行全方位审核,从细节上确保修学旅行的制度化和规范化。

(2) 姊妹学校联盟型修学旅行模式。

为促进修学旅行健康、持续发展,日本国内外多校结成姊妹学校,形成了修学旅行学校联盟。一方面,小学在组织修学旅行活动时,一般会与邻县学校联盟,就近安排参观景点和进行集体活动,参观当地及周边的风景名胜、温泉会所,从小培养学生对自然的感受力,增强学生的团队精神和协作能力。另一方面,知名度较高的中学会尝试以官方旅游机构、各地政府为媒介,充分利用友好城市之间的交流合作便利结识国外姊妹学校,与目的地相关部门、地方学术机构或居民家庭合作互动。

(3) 专业机构监督型修学旅行模式。

日本公益财团法人全国修学旅行研究协会(简称"全修协")经日本教育部(现教育、文化、体育、科学和技术部)许可成立,于2011年4月1日获得内阁办公室的认可。它是一个教育和研究基金会,已成为一个研究协会。作为专门为修学旅行设立的指导监督机构,它在日本修学旅行的发展中发挥了巨大作用,于2003—2011年发布的46期"Web版修学旅行新闻"中,分享特色学校修学旅行活动、国内外修学旅行信息,以及公布所有"全修协"的研究和调查结果。其主要职能是协调与相关利益部门的关系,通过各类调查为学校、业内提供交通、安全、费用、基地和理论研究等修学旅行信息,并处理相关的申诉和请求,监督保障活动质量。在"全修协"的指导下,各地还设有地方修学旅行协会,如日本关东地区公立初中修学旅行委员会等。地方修学旅行协会定期举办研讨会,积极探讨修学旅行发展的新方向,及时跟进其发展的新势头,并进行经验学习和成果分享,同时邀请当地学校参加,公布修学旅行专用交通工具时刻表等信息以便学校组织。

(4) 新闻媒介配合型修学旅行模式。

为消除民众对学生参加修学旅行的风险顾虑,日本新闻媒介积极配合学校、政府等组织方进行宣传,例如,AKT(秋田电视台)从1969年起就在其覆盖的学区范围内,在傍晚时段播报修学旅行学生的安全情况,至今仍旧坚持以25~30分钟的节目来播报学生修学旅行状况。同时KBS京都、山梨县山梨广播等都在其播放辖区内定时播报修学旅行的相关信息。一方面,新闻媒介是民众获取信息的有效途径,具有极强的社会公信力和影响力,通过实时信息传递家长能确切了解孩子的最新情况,从而获得家长对于修学旅行的信任和支持。另一方面,新闻媒介使民众反向监督修学旅行开展的规范性和安全性,让民众可以及时地发现修学旅行出现的弊端,进而使相关组织方能规范修学旅行的时间、频次、费用、地点选择等实施基准,促进日本修学旅行的有序开展。

4. 修学旅行目的地及内容

日本修学旅行内容丰富,基本涵盖了政治、经济、文化等多个领域,旅行的目的地和内容依据学生年龄的不同也有所区分(表1-2)。

表1-2 日本不同学段修学旅行目的地及内容

	内容	地点	目的	其他
小学	自然体验类修学旅行	当地及周边的风景名胜、温泉会所	培养学生对于自然的感受力,增强学生的团队精神和协作能力	历史与传统文化类修学旅行、灾难教育类修学旅行在日本小学、初中、高中也普遍开展。了解日本历史与传统文化会选择京都、奈良、清水寺、金阁寺等作为修学旅行地;注重感受灾难教育则会把神户、大阪等作为修学旅行地
初中	社会生活类修学旅行	国会议事堂、东京塔、日本银行总部、东京证券交易所、日本皇居;东京、大阪等	帮助学生体验与实践课本中学到的知识,加强对社会生活的了解,提高学生的认识能力	
高中	战争和平类修学旅行	冲绳、广岛、长崎等	帮助学生了解战争与历史,珍惜和平的生活	
	职业体验类修学旅行	日本电视台、报社、政府机构、出版社等	帮助学生了解毕业后可能面临的工作场所,并有所准备	
其他	部分私立学校,为了培养学生的国际视野,会将修学旅行的地点定为海外,如中国、美国、韩国、新加坡、马来西亚等			

5. 专业机构

日本的修学旅行能够顺利开展并成为学校教育的重要特色之一与日本相关专业机构的支持密不可分。例如,成立于1955年6月的日本公益财团法人全国修学旅行研究协会,立足于"确保学生安全""完善修学旅行的教育功能""在学生的修学旅行费用负担及政府的相关财政投入方面实现经济效益最优化"三大核心理念,致力于为日本全国中小学的修学旅行提供管理、监督和指导。

该协会每年都会围绕修学旅行的现状、成果及遇到的问题等开展相关研究,发布调查统计数据,面向社会提供各种信息与资源,并帮助学校和学生向政府申请相关的设施或财政投入,促进学校与社会的紧密衔接,不断提高修学旅行的质量。

日本修学旅行相关推进组织力量如图1-1所示。

此外,日本修学旅行协会下设专门面向日本不同地区的修学旅行委员会,如关东地区公立中学修学旅行委员会、东海三县公立中学修学旅行委员会、近畿地区公立中学修学旅行委员会、露天地区运营协议会等。

这些机构会协助铁路部门公告修学旅行专用交通工具的运输计划和时刻表,并定期组织当地学校召开修学旅行研讨会,开展当地学校修学旅行的调查研究,组织召开修学旅行成果分享和经验分享会等。协会所涉及的工作包括研究、管理、信息公布多个层面,涉及政府及政府各部门、学校多个主体,实现了政府、社会与学校的有效沟通,为日本修学旅行的全面运行保驾护航。

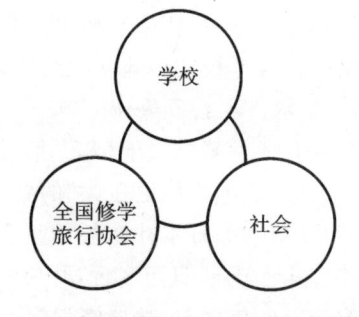

图 1-1 日本修学旅行相关推进组织力量

6. 实施基准

由于实行地方自治,日本 47 个都道府县地方教育委员会关于修学旅行的准则和标准并不相同,各地教育委员会皆制订适用于本地的修学旅行实施基准。各级学校若要组织学生修学旅行,必须达到相关基准的要求,否则修学旅行将无法开展。基准内容主要涵盖学校类型、修学旅行时间、旅行费用、实施学年、实施许可标准、领队教职员的要求、学生参与率、修学旅行地点选择等多个方面。

示例:2017 年日本福岛县修学旅行实施基准概要(表 1-3)。

表 1-3　2017 年日本福岛县修学旅行实施基准概要

地区	学校		时间	旅行费用	实施学年	实施许可标准	领队教职员	备注
福岛县	普通县立	小学、初中			没有规定			
		中学	4 晚 5 天内	考虑家庭负担	最终学年或前一学年进行	原则上全员参加	1~3 个班 2 人,4~7 个班 3 人,8 个班以上 4 人(学生每增加 30 人,增加 2 人)	在实施 2 个月以前,向教育长提交申请书
	普通	高中	4 晚 5 天内					
	特别支援学校	小学	原则上当日往返,1 晚 2 天也可	20000~40000 日元以内			根据实际情况决定	经过监护人同意,在实施 2 个月以前,向教育长提交申请书
		初中	原则上 2 晚 3 天,3 晚 4 天也可	55000~70000 日元以内				
		高中	4 晚 5 天内	105000 日元以内				

注:不同时期,汇率不同。

另外，修学旅行实施基准也并非一成不变，而是每年都进行修订并向社会公布，一是让所属的各级学校按照此基准组织开展修学旅行活动，二是便于接受社会的广泛监督。

7. 日本修学旅行项目示例——开成学园

日本开成学园成立于1871年，位于日本东京荒川区，是一所初中和高中一贯制的男子学校。秉承"笔比剑更强大"的办学理念，学园创立至今，跨越明治、大正、昭和、平成、令和五个时代，为日本社会各行业培养了大批优秀人才。

2017年6月4日至8日，开成学园高二年级举行了以九州地区为目的地历时5天的修学旅行。一年之前，学校修学旅行委员会就计划好了本次活动，并设计出四条可供选择的路线(表1-4)。

表1-4 开成学园高二年级修学旅行路线

旅行线路	长崎路线	屋久岛路线	北上路线	大分路线
活动交通	火车/飞机			
活动目的地	长崎市	屋久岛路线	鹿儿岛	小仓市
活动地点和内容	①废弃的军舰岛 ②原子弹爆炸资料馆 ③三菱长崎重工业船厂 ④田烧(瓷器)原产地 ⑤武雄温泉 ⑥名护屋城遗址 ⑦宫道日本料理馆 ⑧云仙灾害纪念馆 ⑨普贤岳徒步旅行	①屋久岛自然馆 ②绳文杉徒步旅行 ③海龟产卵观察会 ④参观鹿儿港市 ⑤知览特攻和平会馆 ⑥参观博多区	①涌泉町农村体验 ②知览特攻和平会馆 ③参观鹿儿岛市 ④樱岛的美丽景色 ⑤"球磨川"瀑布急流 ⑥水俣病知识学习 ⑦熊本地震避难所	①小仓市内自由活动 ②宇佐神宫 ③别府地狱温泉 ④鲷鱼矿山体验：沙金开采与挖掘 ⑤日田式散步观光 ⑥咸宜园教育研究中心诗人主题学习 ⑦大山町农业协会演讲
活动主题	①自然体验类 ②灾难教育类 ③职业体验类 ④战争与和平类 ⑤历史与传统文化类	①自然体验类 ②社会生活类 ③战争与和平类	①自然体验类 ②社会生活类 ③战争与和平类 ④灾难教育类	①自然体验类 ②社会生活类 ③职业体验类 ④历史与传统文化类

续表

旅行线路	长崎路线	屋久岛路线	北上路线	大分路线
活动形式	①参观场所 ②亲身体验 ③徒步旅行 ④场馆讲解 ⑤自由活动	①参观场所 ②观察自然 ③徒步旅行 ④场馆讲解 ⑤专业讲座 ⑥自由活动	①参观场所 ②亲身体验 ③观赏感受 ④学生演讲 ⑤实践调查 ⑥场馆讲解 ⑦专业讲座	①参观场所 ②亲身体验 ③政府演讲 ④发言提问 ⑤自由活动
活动总结	所有学生在福冈市酒店集合，聚餐的过程中分享旅程中的所见所想。返校后，学生以文字或图画的形式分享自身感受，并组织一系列修学旅行汇报活动			

（二）英国贵族化的大陆游学

英国的大陆游学从百年贵族走向了普通大众。16—18世纪，大陆游学是英国贵族子弟教育的重要组成部分。受文艺复兴时期人文理念的影响，欧洲大陆国家具备了非一般的吸引力，像荷兰、意大利、法国等地成了众多英国贵族学子游学的目的地。在游学过程中，贵族学子可以接受人文主义教育，提高人文素养；可以学习各国的语言和古典文化，感受不一样的风土人情和文化习俗；还有机会拜访有名望的人，涉足名胜古迹，收获丰富多彩的游学生活。他们在私人导师的指导和陪同下，根据个人的兴趣爱好，自主选择适合自己的游学地点和路线。游学中所学的内容也发生过变化，起初比较重视人文学科的教学，而后将教学重点转向实用型学科，如法律和医学等。但是，作为贵族学子，其实都不以"学"为主要目的，大多数人都将"游"作为游学的重点。通过游学，英国的贵族学子不仅学到了贵族礼仪，增长了见识，提高了个人修养，还增进了国家之间的相互了解。在旅行过程中，英国的贵族学子曾经写下许多有关沿途风景及特色的文字，激发了后人游学的欲望。直到18世纪末19世纪初，伴随着工业革命的到来，贵族化的大陆游学特色逐渐被削弱，大量的中产阶级和普通工薪阶层的子女也加入大陆游学的队伍中来，促进了英国研学旅行从"贵族化"走向"大众化"。

英国贵族化的大陆游学发展成为大众化的研学旅行后，英国政府和教育行政部门对研学旅行也越来越重视。首先，研学旅行被纳入了地方教学大纲中，规定包括私立学校在内的所有学校都必须开展研学旅行。其次，研学旅行得到了英国各地方学校的支持。各地方学校都开展暑假教育，招收来自不同地方的学生进行混合式教学。最后，英国研学旅行得到了旅行机构的支持。旅行社开始为学生准备安全、健康向上的研学旅行项目，确保学生有序出行。在此过程中，英国大众化的研学旅行"游中学"的特点逐渐彰显出来。

①体验性：渐入式的学校访问。

为了获得不一样的校园文化体验，英国学生有机会进入游学目的地中有名的学校进行参观和学习。这些学校会为学生提供具有传统文化特色的欢迎仪式，让学生能从整体上了解学校的文化。此外,学校还为学生制订适合其发展的游学计划,包括学习听课计划、见习计划及娱乐游玩计划等,这就既避免了走马观花式游学体验,也能让学生充分体会到研学旅行的乐趣。

②教育性:形式多样的课程指导。

英国大众化研学旅行主要目的是培养学生自主学习、自主思考及团队合作、交流沟通的意识和能力。因此,为学生准备了形式多样的课程内容和指导策略,包括专家讲座、师生或者嘉宾演讲、师生之间的交流与讨论、同伴群体间的小组合作。此外,英国学生通过游览当地的旅游景点,如古都爱丁堡、最美湖区、曼联球场等,来体验当地的特色文化与人文风情。学生还可以通过户外探险、寻宝探险、主题晚餐、小组竞赛等形式,感受研学旅行中"玩中学"的特点。研学旅行丰富了学生的游学生活体验,让学生从多角度感受研学旅行的意义。

③参与性:实时的课堂观察与实践。

英国大众化研学旅行的一个重要环节就是让学生有机会观察并亲身加入欧洲大陆国家学校的课堂教学中,亲身体验欧陆国家的教育理念、教学方式的差别。这就有助于增强英国学生的学习能力,为学生今后的学习提供借鉴。

④多样性:丰富的学习资源。

英国大众化研学旅行可以为学生提供丰富的学习资源。学生能融入欧陆国家的学校环境中,享受学校的各类学习资源;可以通过文化访问,了解欧陆国家的文化和当代生活;有机会拜访当地的文化名人,与名人进行面对面的交流,获取思想上的教益。

第五节　研学旅行在国内的发展

研学旅行从正式提出以来,我国政府一直关注并颁发相关政策支持其发展,2013—2019 年研学旅行的相关政策措施及内容概述如表 1-5 所示。

表 1-5　2013—2019 年研学旅行的相关政策措施及内容概述

年份	相关政策与措施	内　容　概　述
2013 年	《国民旅游休闲纲要(2013-2020 年)》	首次提出了研学旅行的概念和设想;研学旅行的学习实践方式得到了政策层面上的肯定与支持
2014 年	《中小学学生赴境外研学旅行活动指南(试行)》	明确对境外研学旅行的定义、活动内容等作出了阐释,并且对境外研学旅行中的行程安排、教育内容等提出了具体的指导意见
	《国务院关于促进旅游业改革发展的若干意见》	首次明确提出将研学旅行纳入中小学生日常德育、美育、体育教育范畴;同时,鼓励社会教育机构向学校、学生提供夏令营、冬令营游学产品
2015 年	《国务院办公厅关于进一步促进旅游投资和消费的若干意见》	强调了支持研学旅行发展,首次把研学旅行纳入学生综合素质教育范畴

续表

年份	相关政策与措施	内容概述
2016年	"十三五"规划研学旅游元年	国家旅游局(现变更为中华人民共和国文化和旅游部)公布首批"中国研学旅游目的地"和"全国研学旅游示范基地通知"
	"中国学生发展核心素养"正式发布	强调"引领学生培育适应社会发展与终身发展需求的必备品格和关键能力"
	《关于推进中小学生研学旅行的意见》	论证了研学旅行的重要性,明确指出需将研学旅行纳入中小学教育教学计划;要求各地把研学旅行摆在更加重要的位置
	《研学旅行服务规范》	针对研学旅行实施制定了权威性规范的文件;明确描述了研学旅行的术语和定义,详细规定了服务各环节的具体要求
2017年	《中小学德育工作指南》	指出在研学旅行实施过程中,校外机构应与学校通力协作;强调需把研学旅行纳入学校教育教学计划,并要规范研学旅行组织管理
2018年	《教育部基础教育司2018年工作要点》	指出要继续实施中央专项彩票公益金支持校外教育事业发展项目;推进研学实践教育营地和基地建设
2019年	《研学旅行基地(营地)设施与服务规范》	规范和提升研学旅行基地(营地)服务质量;使研学旅行基地(营地)有相对科学、规范的准入条件

随着国家素质教育政策的不断落地,研学旅行已经形成实践核心素养体系,成为落实立德树人根本任务的重要载体,并被纳入中小学教育教学计划,是教育旅游市场的热点产业。

2018年1月北京市教委发布《关于初中综合社会实践活动、开放性科学实践活动进入中考成绩有关事项的通知》(以下简称《通知》)。根据《通知》要求,自2018年起,该市初中学生综合社会实践活动和开放性科学实践活动(统称初中实践活动)成绩计入相关科目中考原始成绩。

在《关于推进中小学生研学旅行的意见》和《教育部关于印发中小学综合实践活动课程指导纲要的通知》等政策陆续出台之后,仍有很多地方的教育机构、校长和家长还在迟疑等待。专家分析,北京市教委将"初中实践活动计入学分"的政策,在全国教育界开了先河,必将对综合实践、研学旅行产生深远影响。

推进研学旅行是贯彻国家重大方针政策的重要举措,对促进中小学生全面发展、推动基础教育改革、促进经济社会发展都具有现实意义。根据《全国教育事业发展统计公报》,我国到2015年共有小学在校生9692.18万人,其中,四至六年级学生约4800万人;初中在校生4311.95万人,初一初二两个年级学生约2800万人;高中在校生4037.69万人,高一高二两个年级学生约 2700 万人。以此推算,全国适合参加研学旅行的潜在学生人数超过 1 亿人。2018 年全国中小学校及学生数量如表 1-6 所示。

表 1-6 2018 年全国中小学校及学生数量(单位:万人)

	小学	初中	普通高中	中等职业教育
在校人数	10339.25	4652.59	2375.37	1555.26
招生人数	1867.30	1602.59	792.71	557.05
学校数量	16.18	5.20	1.37	1.02
专职教师人数	609.19	363.90	181.26	83.35

"前瞻经济学人"数据显示:2018 年国内研学旅行人数达到了 400 万人次,市场规模达到了 125 亿元,人均消费 3117 元/次。

2016—2020 年国内中小学生活动市场参与人数规模预测如图 1-2 所示。

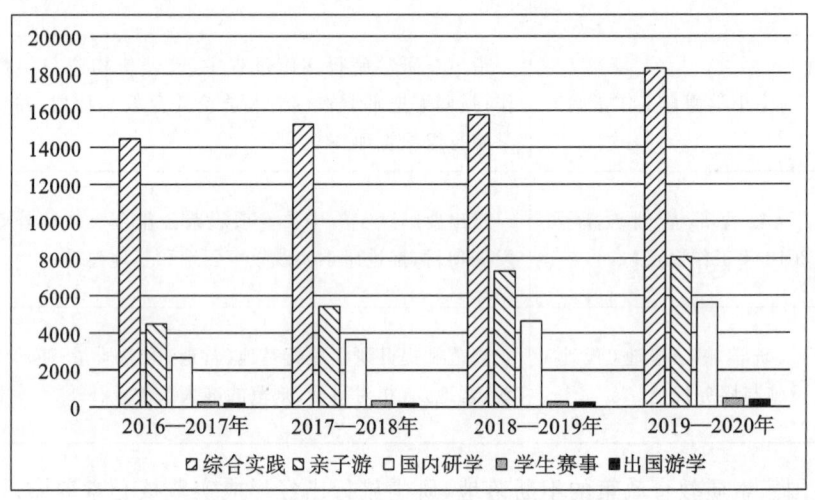

图 1-2 2016—2020 年国内中小学生活动市场参与人数规模预测(单位:万人)

国家每年对教育投入资金连续五年超过其 GDP 的 4%,2017 年中国的 GDP 已达 80 万亿,即 2017 年国家对教育的投入超过了 3.2 万亿。国家拨款到各地教育局和学校,学校和教育局有责任和有义务在每个学期里,给学生提供小学三天、初中五天、高中七天的出校、出市、出省的研学教育。保守估计,研学旅行和乐园教育市场未来可能会发展到 2000 亿左右。预计到 2022 年中国城市富裕人口和城市中产阶级人口将约达 6 亿,他们追求优质多样的教育,希望孩子未来有短期出国留学的机会,因此,研学旅行和营地教育将是他们普遍看好的教育品类。

一线城市的家长更看重研学项目的综合教育意义,关注研学组织的细节和流程,青睐深入的、沉浸式的文化和生活体验;对于目的地的选择,通常错开像伦敦、纽约这样的大城市,而选择国外乡村生活式的游学项目;呈现非一次性消费趋势,回购行为明显,低龄化趋势显现。二三线城市的家长更看重研学项目的功能性,聚焦在一些硬性指标上,如能去几个地方、参观多少景点、进行多少名校探访等,更多地选择前往大城市研学旅行。

　　研学旅行潜力巨大,是毋庸置疑的"新兴市场"。但整体来看,研学旅行和营地教育行业仍处于发展初期,研学旅行市场在成长过程中也面临诸多问题:目前中国研学行业集中度极低,格局小而分散,协同体系不健全不科学。国内研学旅行的组织力量主要为旅行社和研学机构,还存在"拉市场"、导师不专业、课程目标不明确、主题选择不清晰等问题。部分企业受品牌影响力较低、获客渠道不足等因素影响,整体营收规模处于较低水平。据"第四届中国研学旅行论坛"上公布的全球研学旅行数据,国内研学旅行机构超过12000家,其中小微企业占很大比重,60.7%为30人以下的企业。年接待量在1000人以下的占比为56.9%。整个行业只有7家获得资本青睐,其中仅2家营收过亿。营收在2000万元以上的企业仅占10.7%。

　　总的来说,自2016年起,国家对于研学旅行的支持政策逐渐增多,研学行业迎来"春天",巨大的市场挖掘空间和资源整合度低的特点,决定了研学行业远未进入充分竞争的格局,在未来将长期处于市场参与主体共同摸索前行的一片蓝海中。

附：北京市教育委员会关于初中综合社会实践活动、开放性科学实践活动计入中考成绩有关事项的通知

京教基二〔2018〕1号

各区教委：

按照市教委《关于本市中考中招与初中教学改进工作的通知》（京教计〔2015〕35号）等文件要求，自2018年起本市初中学生综合社会实践活动和开放性科学实践活动（统称初中实践活动）成绩计入相关科目中考原始成绩。现就具体计分办法及特殊情况处理办法通知如下：

一、计入原则

（一）严格规范。认真执行初中实践活动有关要求，落实市、区、校三级管理责任，明确标准和程序，确保成绩计入规范有序。

（二）强化导向。遵循本市考试招生制度改革精神，突出实践育人，引导学生按时、足额、认真参加初中实践活动，培养学生社会责任感、创新精神和实践能力。

（三）客观公正。严格按照初中实践活动管理服务平台活动记录客观公正计入中考成绩。体现人文关怀，合理确定特殊情况处理办法，保障教育公平和全体学生权益。

二、计入办法

（一）学生按规定完成1次初中实践活动计1分，合计50分。其中七、八、九年级每学年应完成10次综合社会实践活动，共30次，计30分；七、八年级每学年应完成10次开放性科学实践活动，共20次，计20分。

（二）初中实践活动成绩按照算术平均、四舍五入取整方式计入相关科目中考原始成绩，由市考试院中招办依据当年中考政策予以认定。其中综合社会实践活动成绩除以三，分别计入思想品德、历史、地理科目中考原始成绩；开放性科学实践活动成绩除以二，分别计入物理、生物（化学）科目中考原始成绩。

三、特殊情况处理办法

（一）因身体条件无法完成活动任务的残疾学生，经学籍系统核实，班主任、校长签字确认后其初中实践活动成绩计满分。鼓励残疾学生积极参加力所能及的初中实践活动。

（二）因户口进京、父母工作调动等原因由外省市转入学生，八年级第一学期初及以前转入的，其转入前应完成的初中实践活动须在转入后补足，按补足活动实际成绩计；八年级第一学期末及以后转入的，其相关科目中考原始成绩按卷面成绩（满分90分）乘以10/9计。

（三）在外省市就读回京参加中考中招的本市户籍学生相关科目中考原始成绩按卷面成绩（满分90分）乘以10/9计。

（四）往届生相关科目中考原始成绩按卷面成绩（满分90分）乘以10/9计。

（五）2015年之前（不含2015年）入学初中学生因休学、复学等原因需参加2018年中考的，其休学前应完成的初中实践活动须在复学后补足，按补足活动实际成绩计。

（六）其他特殊情况由学校审核、区教委核准报市教委备案后予以认定。

四、有关要求

（一）各区、学校要高度重视，严格按照本通知要求，认真落实初中实践活动计入中考成绩工作，加强培训，规范程序，严格把关，平稳推进。

（二）除上述特殊情况外，在已给予活动补足机会前提下，对无故未足额完成活动任务的学生按实际成绩计。

（三）因学籍管理不当、违规操作、虚假材料等造成的问题，将进行通报并追究相关人员责任。

（注：残疾学生标识，学生转学、休学、复学等相关信息依据北京市中小学学籍管理云平台确认）

北京市教育委员会
2018 年 1 月 3 日

第二章
研学旅行理论基础

研学旅行所涉及的理论基础十分广泛,其中体验式学习理论、PBL 项目制学习和学生发展核心素养尤为重要,本章将详细介绍这三大理论。

第一节 体验式学习理论

体验式学习是一种以学习者为中心的学习方式,这种学习方式的开展需要通过实践与反思的结合才能获得期望的知识、技能和态度。体验式学习理论主要的教育哲学及理论架构是整合自然教育专家杜威的"活动课程论"、社会心理学家大卫·库伯的"体验式学习圈"、心理学家皮亚杰的"认知发展论"及其他学者的理论形成的。体验式学习注重为学习者提供真实或模拟的环境和活动,让学习者通过个人在社会活动中的充分参与来获得个人的经验、感受、感悟并进行交流和分享,然后通过反思再总结提升为理论成果,最后将理论或成果投入到应用实践中。

（一）活动课程论

美国教育学家杜威认为课程是以儿童本身的社会活动为中心的课程,即活动课程。活动课程以儿童的兴趣、需要出发,通过一系列的社会生活、儿童实际相关联的活动,让儿童在活动中主动探究,以获得完整的理性、非理性经验,学会思考,使儿童的主体性得到发挥,成为社会所需要的人。

杜威的实用主义教育理论是基于项目的学习的另一个理论基础。杜威针对"以课堂为中心、以教科书为中心、以教师为中心"的传统教育,并在实用主义哲学基础上提出实用主义的教育理论。他在《民主主义与教育》一书中阐述了其"三中心论"教育思想体系。

以经验为中心:他认为"知识不是由读书或人解疑而得来的结论","一切知识来自经验","教育即生活,教育是传递经验的方式。"

以儿童为中心:实用主义反对传统教育忽视儿童的兴趣、忽视儿童的需要的做法,主张教育应以儿童(或者说受教育者)为起点。

以活动为中心：他认为崇尚书本的弊端是没有给儿童提供主动学习的机会，只提供了被动学习的条件——死记硬背。让儿童从实践活动中求学问，即"做中学"。杜威在教学过程中提出如下五个要素：①设置疑难情境；②确定疑难在什么地方让儿童进行思考；③使儿童提出解决问题的种种假设；④对假设进行推断；⑤进行试验、证实、驳斥或反证假设，通过实际应用检验方法是否有效。这五个要素的实质反映了杜威重视实践应用、从实践中培养学生的能力。

（二）体验式学习圈

大卫·库伯曾在他的著作《体验学习：体验——学习发展的源泉》一书中提出了颇具影响的体验式学习概念。并且，他把体验式学习阐释为一个体验循环的过程：具体体验—反思观察—抽象概念—主动验证（图2-1）。学习者自动地完成反馈与调整，经历一个学习过程，在体验中认知。

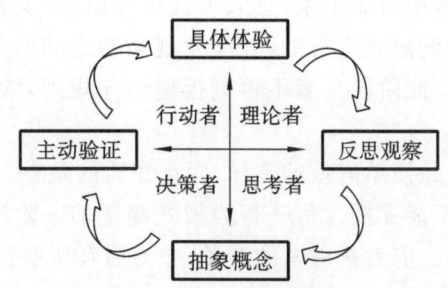

图 2-1　体验式学习圈

具体体验是让学习者完全投入一种新的体验；反思观察是学习者在停下的时候对已经历的体验进行思考；抽象概念是学习者必须达到能理解所观察的内容的程度并且吸收它们使之成为合乎逻辑的概念；到了主动验证阶段，学习者要验证这些概念并将它们运用到制定策略、解决问题中去。可以看到这是一个循环的学习过程，而且是结合实际、有实际应用的过程。通常来讲，衡量学习是否有效要看学习的目的性是否明确，也就是说是目前极度需要的，而不是一时的想法。另外要看学习过程是否有反馈，而库伯的体验式学习圈刚好符合这两点。

学习圈理论强调重视每一个学习者的"学习风格"的差异。根据学习圈理论，可以将学习者的学习风格大致的分为四类：经验型学习、反思型学习、理论型学习和应用型学习。也就是说不同人在学习的时候对待这四个部分的侧重点是不一样的。

（三）认知发展论

1. 主要内容

认知发展论是瑞士儿童心理学家皮亚杰在其发生认识论、运算逻辑和儿童心理学体系中提出的关于儿童认知发展可以分为四个阶段的理论。该理论认为个体在从出生到成熟的发展过程中表现出如下四个阶段。

（1）感知运动阶段（0～2岁）：此阶段儿童的认知发展主要是感觉和动作的分化，其认知活动主要是通过探索感知觉与运动之间的关系获得动作经验，形成图式。手的抓取和嘴的吸吮是他们探索周围世界的主要手段。这一时期，儿童的认知能力也是逐渐发展的，从对事物的被动反应发展到主动探究。此阶段儿童还不能使用语言和抽象符号来命名事物。

(2) 前运算阶段(2~7岁)：儿童在感知运动阶段获得的感知运动图式在这一阶段开始内化为表象或形象图式，由于言语的发展，儿童的表象日益丰富，认知活动不局限于感知活动，但此阶段思维仍受具体知觉表象的束缚，难以从知觉中解放出来。此阶段儿童的心理表象是直觉的物的图像，还不是内化的动作格式，不能很好地把自己和外部世界区分开来。认知活动具有具体性、不可逆性、刻板性。

(3) 具体运算阶段(7~11岁)：此阶段儿童的认知结构已发生了重组和改善，具有了抽象的概念，能够进行逻辑推理。其标志是出现守恒的概念，能运用表象进行逻辑思维和群集运算。但此阶段儿童的思维仍然需要具体事物的支持，因此，这一阶段儿童应多进行事实性的技能训练。

(4) 形式运算阶段(11~16岁)：此阶段儿童的思维已经超越了对具体的、可感知的事物的依赖，使形式从内容中解脱出来，进入形式运算阶段（又称为命题运算阶段）。这一阶段儿童的思维是以命题形式进行的，并能发现命题之间的关系，能用逻辑推理解决问题，能理解符号的意义。此阶段儿童不再刻板地恪守规则，常常由于规则与事实的不符而拒绝规则。

以上四个阶段之间不是简单的量的差异，而存在质的差异。前一阶段的行为模式总是整合到下一阶段，而且不能互换。每一行为模式源于前一阶段的结构，由前一阶段的结构引出后一阶段的结构。前者是后者的准备，并为后者所取代。各个阶段不是截然的阶梯式，而是具有一定程度的交叉重叠。

2. 影响发展的因素

(1) 成熟：机体的成长，特别是神经系统和内分泌系统的成熟，是个体发展的必要条件。

(2) 练习和经验：个体对物体做出动作过程中的练习和习得的经验不同于社会性经验，分为物理经验和逻辑数理经验两种。

(3) 社会性经验：社会环境中人与人之间的相互作用和社会文化的传递，对个体的发展具有重要影响，但不是充分因素，它需要建立在被主体同化的基础上。社会化是一个结构化的过程，个体对社会化所做出的贡献与他从社会化中所获得的同样多。如果儿童缺乏主动同化作用，这种社会化作用将没有效果。

(4) 具有自我调节作用的平衡过程：智力的本质是主体改变客体的结构性动作，是介于同化和顺应之间的一种平衡，是主体对环境的能动适应。实现平衡的内在机制和动力就是自我调节。自我调节是认识活动的一般机制，它使得认知结构由低级水平向高级水平发展。

3. 皮亚杰认知发展论的教育价值

皮亚杰认知发展论的教育价值可以做如下概括：充分认识儿童不是"小大人"是教育获得成功的基本前提；遵循儿童的思维发展规律是教育取得成效的根本保证。

(四) 认知结构学习理论

布鲁纳是一位在西方教育界和心理学界都享有盛誉的学者。布鲁纳认为，学校教育中应以学科结构即一门既定的学科中的基本概念、基本原理及其相互关系代替结论性的知识；学习的实质在于主动地形成认知结构，其核心就是一套类别编码系统；发现学习是学生掌握学科基本结构的良好方法。

1. 认知表征与认知生长

认知表征是人类通过知觉将外在事物、事件转换成内在的心理事件。布鲁纳认为，认知生长（或者说智慧生长）的过程就是形成认知表征系统的过程。认知表征系统的发展经历了三个主要的阶段。

（1）动作性表征：3岁以下的儿童靠动作来了解周围的世界。动作是他们形成对事物的认知表征及再现认知表征的中介和手段。

（2）映像性表征：儿童开始形成图像或表象，去表现他们世界中的事物。他们能记住过去发生的事件，并能借助想象力来预见可能再发生的事情。凭借关于事物的心理表象，儿童可以脱离具体的实物来进行一定的心理运算。

（3）符号性表征：这时儿童能够通过符号再现他们的世界，其中最重要的是语言。这些符号既不必是直接的事物，也不必是现实世界的映像，而可以是抽象的、间接的和任意的。借助这些抽象的符号，个体可以通过抽象思维去推理、解释周围的事物。

2. 认知结构

（1）作为编码系统的认知结构：在布鲁纳看来，学习就是类别及其编码系统的形成，学习者要把同类的事物联系起来，赋予它们意义，并将它们形成一定的结构。

（2）学科结构的掌握：理解学科的基本结构的好处有以下几点。理解了基本结构可以使得学科更容易理解；理解了基本结构有助于学科知识的记忆；从结构中获得的基本概念原理将有助于以后在类似的情境中广泛地迁移应用；理解学科的基本结构有助于提高学习兴趣；对学科基本原理的理解可以促进儿童智慧的发展。

3. 发现学习

发现学习是指学生在学习情境中通过自己的探索寻找来获得问题答案的学习方式。布鲁纳认为，发现学习活动可以沿着认知表征方式的发展顺序来展开，把动作性表征、映像性表征和符号性表征这三种不同的经验形式有机地结合起来。

发现学习具有以下特点：强调学习的过程，而不只是最后的结果；强调直觉思维；强调内部动机，强调从学习探索活动本身得到快乐和满足，而不是外部的奖惩；强调信息的组织、提取，而不只是存储。

4. 简评

在推动美国的认知运动，特别是以认知结构学习理论为指导的教学改革运动中，布鲁纳是一位极重要的人物，在心理学教育教学服务方面做出了显著的贡献。他对发现学习的倡导虽非首创，但他却是研究极深、推进极有力的学者。当然，布鲁纳的理论也有缺陷，他在论述儿童的生长时忽视了社会方面的因素。

（五）情境创设理论

1. 情境创设的具体内涵

情境，即情况、环境，一般是指由外界、景物、事件、人物关系等诸多要素构成的某种具体的有机结合的境地。情境曾被简化为"一组刺激"，但在教育上却有着复杂、深远的意义。教学情境是教学环境的一个即时条件，是师生双方在教学交往中的一种相互刺激模式。创设良好的教学情境，是根据教学内容和要求，结合学生实际水平，通过创设适宜的教学环境气氛，使学生在情绪上受到感染，情感上产生共鸣，从而达到加深理解课堂教学要求、熟练掌握教学内容的目的。教学情境主要包括语言文字、图表、图像、实物材料、人物动作、人际关系等。

面向在校中小学生开展的研学旅行活动与日常课堂学习有着显著区别,而且在研学旅行课程开展之前学校往往会组织学生进行研学旅行前的准备和学习,因此相比于课堂学习,研学旅行作为一种全新的学习情境对学生的学习、探索具有唤起作用。另外,行前的准备和学习在整个研学活动过程中具有正式学习的效果,尽管学习活动在研学旅行开展之前已经进行,但其服务于整个研学旅行过程,因此,该环节对研学活动的进行具有唤起意义。

2. 情境创设的实际意义

(1) 情境创设使教学目标更易于落实。

为了全面落实教学目标,需要教师不断开展教学研究,进行教学实践探索,精心设计教学过程。学习的过程不只是被动地接受信息,更是理解信息、加工信息、主动建构知识结构的过程。这种建构过程需要新旧经验的相互作用来实现,适宜的情境可以帮助学生重温旧经验、获得新经验,为学生提供丰富的学习素材和信息,有利于学生主动探究,形成发散思维,使认知能力、思维能力得到发展,提高学习水平。

中学化学教学是化学教学目标的具体化。在教学过程中,创设一定的教学情境可以使教学目标更易落实,达到更好的教学效果。例如:创设与化学基本概念、基础理论有关的学习情境,有助于学生了解化学发展的主要线索,认识化学现象的本质,理解化学变化的规律。创设与化学实验相联系的学习情境,有利于学生学习化学实验的基础知识及实验研究的基本方法提高基本技能。设计与科学、技术和社会发展相联系的学习情境,可以帮助学生了解化学在社会生活中的应用,了解化学学科的发展,加强化学与其他学科之间的联系,提高综合运用有关知识分析与解决问题能力。

(2) 情境创设更易实现教学的艺术性和科学性。

教学是一种有目的、有计划的活动,在一定的教学理论指导下,体现一定的教学原则,具有一定的科学规律。而在教学中,优秀教师的教学绝不是千篇一律地遵循既定的规则,他们会注重"具体的""特定的"情境,并在教学中体现出"个性",使教学具有科学性同时更具艺术性。

情境创设是教学艺术化的一个过程。教师所创设的某个情境,一般都是经过认真思考、反复研究而精心构建的。这些情境改变了传统单一的教学模式,改变了课堂教学中沉闷的气氛,改变了学生单一的接受式学习方式,让教学变得更生动、活泼,为教学增添了色彩和活力。

情境创设也应符合教学的基本规律。一个良好的情境,不仅包含促进学生智力发展的知识内容,帮助学生形成良好的认知结构,而且蕴涵促进学生非智力品质发展的情感内容和实践内容,能营造促进学生全面发展的心理环境、群体环境和实践环境。教学情境设计不仅要满足学生某一方面的需要,更要同时为情感教学、认知教学和行为教学服务。教学情境不仅要激发和促进学生的情感,还要激发和促进学生的认知和实践,情境创设为这些活动提供丰富的学习素材,有效地改善教与学。

(3) 情境创设体现了学生的主体地位并发挥了教师的主导作用。

知识具有情境性,它总是在一定的情境中产生和发展的。脱离了具体的情境,认知活动的效率是低下的。适宜的情境不但可以激发学生学习的兴趣和愿望,促进学生情感的发展,而且可以不断地维持、强化学习动力,促使学生主动地学习,对教学过程起到引导、定向、支持、调节和控制的作用。好的教学情境总是有着丰富和生动的内容,有利于学生全面发展。

学习方式是学生持续一贯表现出来的学习策略和学习倾向的总和,是学生在学习时所具有或偏爱的方式。由于过于注重书本知识的现状和应试升学的压力,学生较多地养成被动接受、死记硬背、机械训练的现象。改变学生的学习方式,倡导建立以主动参与、乐于探究、交流与合作为特征的学习方式是十分必要的。

创设能引导学生进入主动学习的学习情境,激发学生的学习积极性,培养学生掌握和运用知识的能力,使学生得到充分的发展。在教师的引导下,置身情境中的学生很容易产生探究的愿望、解决问题的热情和责任感,这些学习的动力促使学生主动寻找、评价、开发信息要素,自主构建认知体系。

(4) 情境创设加强了学科知识的实践应用。

情境创设中要注意的是将学习置于一个社会情境、生活情境或者问题情境之中。在这些情境学习中,知识是与生活实际、社会问题等紧密联系的,学生在解决相关问题的过程中,有效地进入知识的真实应用领域,不仅能将学到的知识应用于解决实际问题,也从真实的生活中学到新的知识。越来越多的研究表明,在特定的情境中学习知识比在传统教学方式中获取知识更有效。

例如,化学知识与生活紧密相连。生活中的水、空气、固体废弃物、食品、化妆品和药物等都离不开化学知识,化学与能源、材料、工业、农业等相关,与科技、经济发展密切联系。学习化学的目的不是为了单纯地学习学科知识,而是希望学生能将学到的化学知识加以应用,解决生活中的实际问题,推动社会的进步发展。情境创设强调知识的应用性和实践性,更强调在学习知识的过程中提高学生综合应用知识的能力。

(5) 情境创设有助于学生知识与技能的迁移。

认知是一种错综复杂的过程,它有赖于学生已有的知识、经验和所需解决的问题等。在学习中学生原有的知识是新知识学习的起点,情境创设可以利用生动、直观的形象,有效地激发联想,唤醒长期记忆中的有关知识,从而使学生能利用自己原有认知结构中的有关知识与经验去同化或顺应当前学习到的新知识,赋予新知识以某种意义,对原有认知结构进行改造与重组。

学生对认知结构的建构是一个积极主动的思维过程。教材中的"知识结构"和教师课堂设计的"知识结构",不能简单地嵌套在学生的"知识结构"中。创设学习情境,可以引导学生通过互相讨论和交流,通过亲自动手实验和实践,积极思考,自主学习,深刻理解所学知识的产生和发展过程,促使学生学习能力的形成和发展。学生通过积极的思维内化,可以不断完善、丰富和形成主体的认知结构。

第二节　PBL 项目制学习

项目学习(project-based learning,简称 PBL),最早见于 1918 年美国教育家克伯屈所撰写的文章。克伯屈主张教学活动应以儿童的兴趣为中心,所有的学习科目应整合于学生的中央兴趣,并强调在推行项目时,教师应着重引发学生的好奇心及引导学生进入新的思考领域。首先,我们要对"项目"一词有个大致的了解:项目就是以一套独特而相互联系的任务为前提,有效地利用资源,为实现一个特定的目标所做的努力。可见,项目就是以制作作品并将作品推销给客户为目的,借助多种资源,在一定时间内解决多个相互关联着的问题的任务。

项目学习中的"项目"是管理学科中的"项目"在教学领域的延伸、发展和具体应用,指的是一种能引起学生兴趣、值得努力对真实世界进行探究的活动。因此,基于项目的学习指的是一套能使教师知道学生对真实世界进行深入研究的课程活动,以学科的概念和原理为中心,使学生在真实世界中借助多种资源开展探究活动,并在一定时间内解决一系列相互关联着的问题的一种新型的探究性学习模式。项目学习能促进学生投入到学校活动中,激发他们自主学习,学生自己计划、运用已有的知识经验,通过自己的操作,在具体的情境中解决实际问题,促进他们终身学习和自身素质的发展。项目学习是一套能使教师指导学生对真实世界主题进行深入研究的课程活动,它是在真实世界中让学生借助多种资源开展探究活动,并在一定时间内解决一系列相互关联着的问题的一种新型的探究性的学习方式。项目学习无固定的结构,在教与学的活动中具有很大的弹性。

项目学习是21世纪倡导的学习策略之一,它帮助学生围绕任务(问题/主题),依据评价标准,以小组的方式进行自主、合作、探究性学习。项目学习是以学生为中心,以学科概念和原理为基础,学生通过参与真实的活动项目,对复杂、真实问题的探究,进行信息搜集、调查、研究、协作,最终形成产品或解决问题,从而建构知识的学习活动,并且能在现实生活中将知识学以致用。

项目学习中的项目,既可以是小组、班级、年级持续一两周的短项目,也可以是贯穿全期、全年的长项目;可以是从单学科课程标准出发的项目,也可以是跨学科的项目。项目通常包含着来自现实生活的挑战,聚焦真实的问题,因而往往更能激发学生的学习热情。

项目学习根植于以学生为学习主体的"做项目"的传统,20世纪初在美国受到关注并蓬勃发展。随着学习理论的深入研究和工业文明、信息社会的迅猛发展,对学生的知识结构、综合素质提出了更高的要求,项目学习使学生有更多的自主性和选择性,将知识建构与转化的同时也促进了师生教学方式的转变,于是项目学习便不再是"餐后的甜品",而是"一道主菜"。

传统的学习路径如图2-2所示。在这个路径里,教师以一个知识传递者的角色贯穿始终。

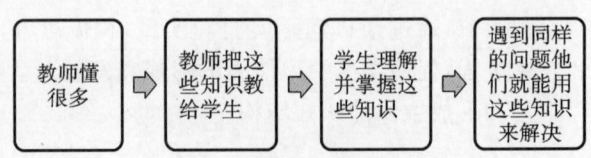

图2-2 传统的学习路径

PBL学习路径如图2-3所示。教师在这个过程中更像一个项目经理,教学生怎么做项目计划,监管项目进行的方向、进度和最后的结果,但具体实施时放手让学生自己负责。

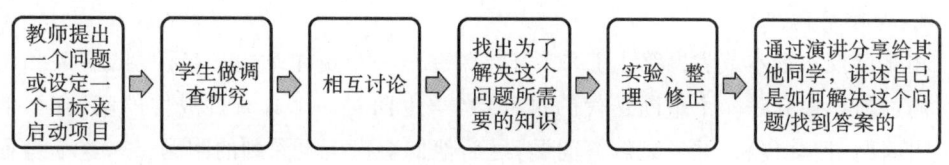

图 2-3　PBL 学习路径

传统教学是以"学习—记忆—运用—创造"为特点,项目学习则是以"真实项目—制定目标—规划目标—学习相关知识技能—开展项目—展示运用(演、唱、评、用等)"为特点,因而具有目标性、真实性、趣味性、实用性、自主性、规划性、整合性、创造性。传统的学习方式使学生为学习而学习,不明白为什么要学习,学习的目标性、兴趣性、自主性、创造性大打折扣,更无从谈起体会到学习有什么意义了。项目学习使学生在完成一件真实的项目过程中学习,因而学生更能感受到学习的重要性,体会到学习的意义。

因此在项目实施中,学生和教师的角色是不同于传统教学的。

(1) 项目实施中的角色——学生。

项目学习对学生来说是参与了一个长期的学习任务。在项目中他们被鼓励去做决定,合作学习,主动学习,做公开展示活动,构建自己的知识体系。学生扮演现实世界中的角色,研究问题,得出结论。他们常会遇到社区或真实世界中的问题,通过使用科学手段研究、分析、协作来解决。学生接触各个学科领域,使他们更容易理解概念,明白不同学科是如何相互联系和相互支持的。虽然项目学习对学生来说是一种挑战,但大多数学生感到更有意义,更贴近他们的生活,更有吸引力,使他们更有学习动力,并且保持一种积极的学习状态。

(2) 项目实施中的角色——教师。

在项目学习中,习惯于讲课、依赖课本或提前设计讲义的教师在一个以学生为中心的课堂上会遇到问题,在这样的课堂上,教师要放弃绝对控制,允许学生同时在不同的活动中做不同的事情。在设计项目时教师需要预先花费更多时间,一旦项目走入正轨了,教师在日常基础性的准备工作上花费的时间少了,在整个项目学习实施的过程中,教师起到辅导员和帮助者的作用。

(一) PBL 的核心要素

1. 学习目标

强调学生在项目学习中重点知识与认知的获得及成功素养的培养。例如,学生获得的知识是否为课程大纲中的重点内容,是否符合教师、学校及社会对于重要知识的定义。成功素养的发展和培养应该融合在知识学习的过程中。成功素养主要包括批判性思维能力、解决问题的能力、团队协作能力,以及演讲能力。

2. 有挑战性的问题

一个待探究或待解决的问题是一个项目的核心。这个问题可以是具体的或者抽象的,但应该是开放式的,可以是社会性议题、当前热点话题、工业生产问题,或者是身边需要解决的问题。这个问题应该具有一定的挑战性,但同时易于被学生理解,学生将围绕某个问题进行指定课题的深入探究。

3. 持续性的探究

相比仅仅从书本或者网络上获取信息,探究是一个更主动、更有深度的搜集和调查信息的过程。探究是一个不断迭代的过程,当学生面对一个具有挑战性的问题时,他们会提出问题、搜集资料,并尝试解答问题,之后他们会提出更深刻的问题——这个过程会持续、循环,直到他们得到一个满意的答案或解决方案。

4. 项目的真实性

项目要基于真实的场景,解决实际生活中人们会遇到的真实问题。项目融入了真实的流程、任务、工具及质量评价指标。另外,项目能够真实地表达学生个人的兴趣爱好或生活中关心的问题。

5. 学生的发言权和选择权

在项目中给予学生发言权,能激发他们的主人翁意识。学生应该尽可能地在项目的各个环节中有所参与,从提出问题,到为解决问题寻找资源,再到明确团队中的角色及分工,最终创造一个产品。

6. 反思

学生和教师都应该在项目的整个进程中,不断反思学习的内容、学习的方法和学习的目的。这种反思可以是非正式的,如以课上讨论或课下对话的形式。但同时,这些反思应该被包含在项目日志、项目评价、项目关键节点的讨论及学生作品的公开展示中。

7. 评价与修改

在项目学习中,学生需要学会如何给予和接受建设性的意见,并基于意见来改善项目的进度和产品。学生需要学习使用评估量表、评估模型等评估反馈工具,并学习正式反馈和评论的技巧。除同学和老师及学生自我评价外,校外的成年人和专家也会参与评价过程,他们代表了来自现实世界的反馈意见。

8. 项目"产品"的公开展示

项目"产品"可以是一个实实在在的东西,也可以是一个解决方案的展示或对一个问题的回答。公开展示其项目成果将大大提高学生在项目学习中的积极性,同时有助于促成高质量的产出,也能有效促进讨论和学习社区的形成,同时向家长、社会传达学生能力、学校的办学能力和特色。

(二) PBL 的实施步骤

项目学习强调的是以学生为中心,强调小组合作学习,要求学生对现实生活中的真实性问题进行探究。通常其实施步骤分为选定项目、制订计划、活动探究、作品制作、成果交流、活动评价、归档或结果应用七个基本步骤。

1. 选定项目

项目学习中的项目选择很重要,它应该由学生根据自己的兴趣来选择,教师在此过程中仅仅扮演指导者的角色,也就是说教师不能把某个项目强加给学生,教师所起的作用是对学生选定的主题进行评价。

首先,应考虑所选择的项目是否和学生日常的生活相关。

其次,应该考虑学生是否有能力开展该项目的学习,并且该项目应能融合多门学科,如自然、数学和语文等。

再次,项目应该丰富,值得学生进行至少长达一周时间的探究。

最后,学校有能力对该项目学习进行检测。

总之,在基于项目的学习中,教师应该充分考虑学生所选择的项目是否具有研究价值,以及学生是否有能力对该项目进行研究。根据评价的情况,如果有必要的话,可对学生选择的项目进行适当的调整,或建议学生对项目进行重新选择。

(1)项目来源。学生可以从身边发现问题,归纳、概括出可供研究的项目,如"青蛙是怎样冬眠的?""苍蝇为什么不得病?"也可以根据课堂教学的需要,师生对教材中的某一知识点进行补充、扩展和升华,从而形成有价值的专题作业。还可以从书籍、网络中摄取丰富的信息,从中提炼出有意义的问题供研究。总之,研究项目的来源是丰富多彩的,只要我们有一双善于发现的眼睛,项目就在身边。

(2)选择项目的原则。选择研究项目是学生创新活动的起点,它决定学生后期研究的方向、方式和成果。在项目选择上应遵循以下原则。

①生活化原则。小学自然教学是科学启蒙教育,它是让学生必须学会"不仅在自然课上,而且在生活中,在将来,都会自行探索、创造,利用已有的智慧解决面临的新矛盾新问题。"而且,也只有是生活中的问题,学生才有兴趣、有能力、有条件去弄清楚它。因此,在选择项目上要尽量做到科学生活化、生活科学化。

②开放性原则。项目选择的主体是学生,教师要尊重学生学习的自由和能动性,留给他们自主选择、学习的空间。在项目的门类性质上,可以是自然学科单一类,也可以是跨学科的综合类。教师更要提倡后者,因为各学科本身不存在绝对的界定,知识只有融会贯通之后才有创新。

③适度性原则。生活中有许多问题亟待探解,但并不是所有的问题都适合学生去研究,大而不当的学习项目不仅学生无法求解,反而会挫伤他们探索的热情和自信。教师应根据学生的能力、现有的条件,对众多的问题进行合理的判断,帮助学生挑选出合适的项目供研究。

2. 制订计划

计划的内容有学习时间的安排和活动设计。学习时间的安排是学生对项目学习所需的时间进行总体规划,做出一个详细的时间流程安排。活动设计是指对项目学习中所涉及的活动预先进行计划,如采访哪些专家、人员的具体分工、从什么地方获取资料等。

3. 活动探究

这一阶段是项目学习的主体,学生大部分知识的获得和技能、技巧的掌握都是在此过程中完成。它是学习小组直接深入实地进行调查研究。活动探究通常是到野外旅行,对必要的地点、对象或事件进行调查研究。在调查研究的过程中,学生对活动内容及自身对活动的看法或感想进行必要的记录,提出解决问题的假设,然后借助一定的研究方法和技术工具来搜集信息;对搜集到的信息进行处理和加工,对开始提出的假设进行验证或推翻开始的假设,最终得出问题解决的方案或结果。

4. 作品制作

作品制作是项目学习区别于一般活动教学的重要特征。在作品制作过程中,学生运用在学习过程中所获得的知识和技能来完成作品的制作。作品的形式不定、多种多样,如研究报告、实物模型、图片、录音片段、录像片段、电子幻灯片、网页和戏剧表演等。学习小组通过展示他们的研究成果来体现他们在项目学习中所获得的知识和所掌握的技能。

5. 成果交流

作品制作出来之后,各学习小组要相互交流,交流学习过程中的经验和体会,分享作品制作的成功和喜悦。成果交流的形式多种多样,如举行展览会、报告会、辩论会、小型比赛等。在成果交流中,参与的人员除了本校的领导、老师和学生以外,还可有校外来宾,如家长、其他学校的教师和学生,以及上级教育主管部门的领导和专家等。

6. 活动评价

基于项目的学习与传统教学模式的一个重要区别还在于学习评价。在这种教学模式中,评价要求由专家、学者、老师、同伴及学生自己共同来完成。不但要求对结果作出评价,同时也强调对学习过程作出评价,真正做到了定量评价和定性评价、形成性评价和终结性评价、对个人的评价和对小组的评价、自我评价和他人评价之间的良好结合。

评价的内容有课题的选择、学生在小组学习中的表现、计划、时间安排、结果表达和成果展示等方面。对结果的评价强调学生的知识和技能的掌握程度,对过程的评价强调对实验记录、各种原始数据、活动记录表、调查表、访谈表、学习体会等的评价。

7. 归档或结果应用

项目工作成果应该归档或应用到相应的实践中,例如,项目的工具制作可以用在日常的学习和生活中。

(三) PBL 的评价

教育评价对教育行为有重要的导向意义,合理的评价模式是教和学可持续发展的动力,教育评价更多的是为了改进和提高,是为了学生的发展。项目学习的评价以此为宗旨,主张表现性评价,即通过学生自己给出的问题答案和展示的作品来判断学生所获得的知识和技能。此评价方式强调学生必须找出问题的解决方法或用自己的行为表现来证明自己的学习过程和结果;评价者必须观察学生的实际操作或记录学业结果,而不是仅以最终成绩作为评价终极标准;表现性评价能使学生在实际操作中学习知识和提高能力。以此为理论指导,项目学习评价主要考虑三个方面:一是对项目作品的评价;二是对项目过程的评价,即对从确定项目主题开始到项目成果展示的整个项目活动过程的质量进行评价;三是对项目参与者即学生的表现进行评价。具体可参考下列量表(表 2-1 至表 2-5)。

表 2-1 项目作品评价表

评价指标	主要内容	评价等级				评价主体				
		优	良	中等	差	自评	互评	师评	专评	其他
主题	与教学知识有较高的契合度,主题明确,具备挑战性、持续研究性、真实性的项目主题									

续表

评价指标	主 要 内 容	评价等级				评价主体				
		优	良	中等	差	自评	互评	师评	专评	其他
设计理念	作品的顶层设计,有明确、新颖、科学合理的设计理念,让观众记忆深刻、耳目一新,设计理念符合市场标准									
方案设计	作品方案思路清晰,包括具体步骤、使用工具材料、关键问题及解决方案等。此项应为文档输出,存档使用									
创意	作品评价关键性因素,作品的创意点,创意新颖程度,以及创意的可行性等									
外观设计	作品的外观设计是否新颖有特色,是否能突出产品的内在价值									
节能环保	作品是否污染环境,造成资源浪费等									
可行性/可操作性/难易性	项目作品整体实现的可行性有多高,可操作性是否强,是否难以实现,优秀的作品应该具有较强可行性、可操作性									
现实意义	作品对现实是否有重大意义,是否能解决现实生活中重要或急需解决的问题									
完整性	作品是否完整,是否缺少关键性的环节									
学习成果展示	语言表达,展示PPT、宣传资料等									
反思	作品在不断反思中不断迭代升级									
总评	总评级别									

注:1. 作品的形式多样,如研究报告、实物模型、图片、录音片段、录像片段、PPT、网页和戏剧表演等。具体的评价指标可根据作品的形式具体设定。

2. 各个指标的权重根据作品类型的不同综合设置。

3. 优(90~100分),良(75~89分),中(60~74分),差(<60分)。

表 2-2　教师项目教学过程评价表

评价指标		主要内容	评价等级				评价主体				
			优	良	中等	差	自评	互评	生评	专评	其他
项目准备	项目设计	项目设计或选取符合课程标准达成的技能,设计理念符合市场标准									
	项目调研	项目来源于充分调研,具有实际应用价值									
	搜集资料	搜集资料完整									
	项目计划	有完整的项目计划方案、实施步骤及技术解决方案									
项目实施	创设情境	为项目实施创设情境,激发兴趣,调动学生实施项目的积极性									
	明确任务	参与项目实施,本人在小组内有明确的工作任务,承担一定的工作									
	组织管理	组织学生严格按计划实施项目,加强过程监控和管理,学生参与面大,效率高									
	技术指导	提供技术支持,积极指导学生做项目,帮助学生解决技术问题,进行技术创新									
	检查修正	认真检查学生作品,发现问题提出修正意见									
	教学手段/方法	运用有效的教学方法和手段,提高教学效率									
项目验收	成果展示	学生展示作品,成果达到预期目标									
	项目总结	师生对项目作品进行总结									
	项目评价	有评价标准,对项目作品点评到位,指出优缺点									
	项目归档	将学生作品归档,建立项目学习过程性档案									

续表

评价指标	主要内容	评价等级				评价主体				
		优	良	中等	差	自评	互评	生评	专评	其他
教师素质	经验丰富									
	教学娴熟									
	态度端正									
总评	总评级别									

注:1. 各项所占权重,项目准备(20%)、项目实施(50%)、项目验收(20%)、教师素质(10%)。
  2. 优(90~100分),良(75~89分),中(60~74分),差(<60分)。

表2-3 学生项目学习过程评价表

评价指标	主要内容	评价等级				评价主体				
		优	良	中等	差	自评	互评	师评	专评	其他
项目准备	项目设计	项目设计或选取符合课程标准达成的技能,设计理念符合市场标准								
	项目调研	项目来源于充分调研,具有实际应用价值								
	搜集资料	搜集资料完整								
	项目计划	有完整的项目计划方案、实施步骤及技术解决方案								

续表

评价指标		主要内容	评价等级				评价主体				
			优	良	中等	差	自评	互评	师评	专评	其他
项目实施	明确任务	参与项目实施,本人在小组内有明确的工作任务,承担一定的工作									
	自我管理	组内严格按计划实施项目,学生自我调制和管理,提高效率									
	交流合作	团结合作,遇到问题主动与同学或老师沟通,解决技术问题									
	手段/方法	运用有效的技术手段和方法达成项目目标,进行技术创新									
	检查修正	认真检查作品,发现问题及时修正解决									
项目验收	成果展示	展示作品,汇总总结,成果达成预期目标									
	项目评价	对照评价标准,对项目成果进行评价并进行自我评价									
	提交作品	提交作品归档									
学生素质	态度端正										
	知识吸收										
	能力提升										
总评	总评级别										

注:1. 各项所占权重,项目准备(20%)、项目实施(50%)、项目验收(20%)、学生素质(10%)。
2. 优(90~100分),良(75~89分),中(60~74分),差(<60分)。

表 2-4　学生表现评价表

评价指标	主 要 内 容	评价等级				评价主体				
		优	良	中等	差	自评	互评	师评	专评	其他
完成项目态度	自主学习,有强烈的求知欲和好奇心,积极参与项目活动;能按计划完成任务。遇到困难不退缩,并能积极想办法解决问题									
项目成果质量	项目完成度、创新性、难易度、美观度、可行性、可操作性、实用性、现实意义等									
贡献	积极参与讨论,为小组做贡献;接受并完成要求完成的任务;能适时地帮助小组成员,帮助确立和实现大家共同的目标									
合作	具备基本的互动技能、与人相处技能、辅导技能及完成某个具体任务的技能。能根据主题分享很多观点,贡献有用的信息,鼓励其他成员共享资源									
提出问题	善于提问,乐于探究,精心准备资料,独立思考,深入分析,提出的问题有代表性和针对性									
分析判断能力	对问题、答案、各类信息有区别判断能力,去伪存真,留下真实有用的信息									
技术应用	使用现代计算机技术、多媒体技术、拍摄技术等。能否熟练掌握和正确运用这些技术,掌握哪些技术可以作为学生评价要素									
信息搜集整理	能够针对研究的问题,运用综合的信息查询策略,熟练采用三种以上的方式来搜集资料,很容易说出资料的来源,资料运用无明显错误									
语言表达	包括语言表达能力和书面语言表达能力。能正确清晰地表达自己的观点;倾听别人的观点建议;与他人进行有效的沟通交流。书面表达逻辑清晰,无语法错误									
环保意识	保护环境,废物利用,节约用电、节约用水、节约用纸,尽量不使用一次性用品,减少白色污染,一物多用,减少日用品浪费等									

续表

评价指标	主要内容	评价等级				评价主体				
		优	良	中等	差	自评	互评	师评	专评	其他
创新意识	有创新意识,且观点正确									
遵守纪律	按时上课,课堂上不随意乱跑,不大声喧哗。课堂所用器材、教具等不乱放,自觉整理。在具体项目实施过程中注意自身的安全,注意保护环境等									
应用拓展	能将项目成果应用到学习生活实践中,学以致用,在真正使用的过程中进一步深化项目学习									
反思	学习的每一步都有反思,并能根据反思不断改进项目实施中的具体操作,使之得到不断的优化升级									
总评										

注:1. 评价方式多样化,记录学生的准备情况、讨论发言情况、日志、作品评价等。
2. 优(90~100分),良(75~89分),中(60~74分),差(<60分)。
3. 学生表现评价表同上面学生项目学习评价表可以根据需要选择,或者融合。

表2-5 项目设计评估表

项目设计的要素	低质量的项目学习(课程项目的每个要素都存在以下一个或多个问题)	待加强的项目学习(课程项目的部分要素仍待改进)	高质量的项目学习(课程项目的每个要素都符合"黄金标准")
关键知识点与成功素养	・缺乏对教学大纲中重点知识的学习,或目标知识点不清晰、不具体; ・未对成功素养提出明确的发展目标,也缺乏相应的评估手段	・涵盖了教学大纲中的知识点,但知识点的数量不尽合理(太多/太少),且重要性水平较低; ・对成功素养提出了发展目标,但是由于数量过多,教学和评估效果不尽理想	・瞄准了教学大纲中的关键知识点,且目标设定非常具体和明确; ・对成功素养的培养提出了明确的目标和评估方法,包括批判性思维能力,解决问题的能力,团结协作能力,自我管理能力等

续表

项目设计的要素	低质量的项目学习（课程项目的每个要素都存在以下一个或多个问题）	待加强的项目学习（课程项目的部分要素仍待改进）	高质量的项目学习（课程项目的每个要素都符合"黄金标准"）
具有挑战性的问题	·缺乏一个核心问题； ·探究的核心问题过于简单； ·缺乏一个基于核心内容提出的驱动性问题；或驱动性问题的质量不佳： -问题的答案过于简单、直白； -问题对学生没有足够的吸引力（过于复杂或"学术化"）	·围绕一个核心问题，但其难度不适合目标学生群体； ·驱动性问题与项目主题有关，但没有抓住关键内容； ·驱动性问题能满足部分标准，但仍有待改进（标准详见右列）	·围绕一个核心问题，且其难度符合目标学生群； ·驱动性问题是基于核心探究内容提出的，且有如下特点： -具有开放性，学生可以想出多个可能的答案； -对学生而言易于理解，并能激发他们的积极性； -与学习目标匹配，学生在回答这个问题的时候能习得目标知识，并发展相关能力、素养
持续性的探究	·更类似于一次活动或是实践任务，而不是深度探究； ·学生没有机会提问或进行探究	·探究的程度较浅（在项目中只有1~2次简单的探究任务，主要是信息搜集，没有机会更深入提问）； ·尽管学生有机会在项目过程中提出问题，但这些问题未对项目进一步的深入探索产生帮助	·探究是持续性的，且满足严谨的学术要求（学生提出问题，搜集并分析数据，构建并完善解决方案，或提出论证，再进一步探究更深入的问题）； ·在整个项目过程中，学生自主提问，不断探究
项目的真实性	·更像是传统的"家庭作业"；不贴近现实社会，缺少真实的任务，没有用到现实中的工具，也未对真实社会产生影响，或展现学生的个人兴趣	·有一定的真实性要素，但十分有限且不自然	·内容贴近现实，且有与真实社会相关的任务、工具及质量标准，能对真实社会产生影响，并且反映了学生的个人关注点，兴趣以及个性

项目设计的要素	低质量的项目学习（课程项目的每个要素都存在以下一个或多个问题）	待加强的项目学习（课程项目的部分要素仍待改进）	高质量的项目学习（课程项目的每个要素都符合"黄金标准"）
学生的发言权与选择权	• 学生没有机会表达自己的想法，对项目中的重要内容缺乏选择权； • 项目过程中，缺少足够的指导，学生需要完成他们能力之外的工作	• 学生表达自己想法和进行选择的机会有限，而且多是针对非关键的问题（如决定组内分工或选择用于调查的网页等）； • 学生在一定程度上能不依赖教师独立完成任务；但实际上，他们有能力完成更多	• 学生有足够的机会就重要问题，表达自己的想法并行使选择权（如选择探究的主题、选择调研所需资源、决定合作对象、确认最终产品，还有时间安排和任务分配等）； • 在教师适当的指导下，学生有机会承担责任，并独立工作
反思	• 学生与教师都没有对项目进行反思，包括学习的内容和效果、项目的设计和管理等	• 学生与教师会在项目进行时，或结束后进行反思，但都不深入	• 学生与教师在项目进行过程中和结束后，都会进行深入、全面的反思。反思的内容包括学生所学的内容及掌握程度，项目的设计与管理等方面
反馈与修订	• 学生只能获得老师不定期且较为简单的反馈，缺少同学之间的反馈； • 学生不需要或不知道如何利用反馈来修正、完善他们的作品	• 学生有机会提出或获得关于作品质量和工作进程的反馈，但这些反馈缺乏系统性的框架或只是一次性的； • 学生会听取他人对自己作品的反馈，但并没有基于这些反馈，对自己的作品进行持续性的完善	• 学生有机会定期获得来自教师、同学，甚至社会人士对于他们作品质量和工作进度的系统性反馈； • 学生利用这些反馈信息来持续完善他们的作品
公开展示的作品	• 学生不公开展示他们的作品	• 学生的作品只对同学和老师进行展示； • 学生只是展示他们的作品，未就他们的工作过程与所学知识/技能进行分享	• 学生将他们的作品对社会公众进行展示； • 学生需要向公众阐述选择某具体探究主题的原因，分享他们是如何进行调研分析，并展示他们学到了哪些知识与技能

第三节　学生发展核心素养

党的十八大和十八届三中全会提出要将立德树人的要求落到实处,2014 年教育部研制印发《教育部关于全面深化课程改革落实立德树人根本任务的意见》,提出"教育部将组织研究提出各学段学生发展核心素养体系,明确学生应具备的适应终身发展和社会发展需要的必备品格和关键能力"。2016 年 9 月 13 日上午,中国学生发展核心素养研究成果发布会在北京师范大学举行,会上公布了中国学生发展核心素养总体框架及基本内涵。研究学生发展核心素养是全面贯彻党的教育方针、落实立德树人根本任务的一项重要举措,也是适应世界教育改革发展趋势、提升我国教育国际竞争力的迫切需要。

学生发展核心素养,主要是指学生应具备的,能够适应终身发展和社会发展需要的必备品格和关键能力。中国学生发展核心素养,以"全面发展的人"为核心,分为文化基础、自主发展、社会参与三个方面,综合表现为人文底蕴、科学精神、学会学习、健康生活、责任担当、实践创新六大素养(图 2-4)。

各素养之间相互联系、互相补充、相互促进,在不同情境中整体发挥作用。为方便实践应用,将六大素养进一步细化为 18 个基本要点,并对其主要表现进行了描述。根据这一总体框架,可针对学生年龄特点进一步提出各学段学生的具体表现要求。

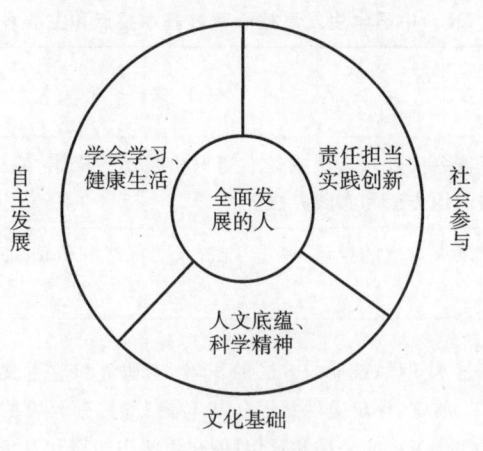

图 2-4　核心素养

(一)核心素养的基本内涵

1. 文化基础

文化基础,重在强调能习得人文、科学等各领域的知识和技能,掌握和运用人类优秀智慧成果,涵养内在精神,追求真善美的统一,发展成为有宽厚文化基础、有更高精神追求的人。

(1)人文底蕴:主要是学生在学习、理解、运用人文领域知识和技能等方面所形成的基本能力、情感态度和价值取向,具体包括人文积淀、人文情怀和审美情趣等基本要点。

(2)科学精神:主要是学生在学习、理解、运用科学知识和技能等方面所形成的价值标准、思维方式和行为表现,具体包括理性思维、批判质疑、勇于探究等基本要点。

2. 自主发展

自主性是人作为主体的根本属性。自主发展,重在强调能有效管理自己的学习和生活,认识和发现自我价值,发掘自身潜力,有效应对复杂多变的环境,成就精彩人生,发展成为有明确人生方向、有生活品质的人。

(1) 学会学习:主要是学生在学习意识形成、学习方式方法选择、学习进程评估调控等方面的综合表现,具体包括乐学善学、勤于反思、信息意识等基本要点。

(2) 健康生活:主要是学生在认识自我、发展身心、规划人生等方面的综合表现,具体包括珍爱生命、健全人格、自我管理等基本要点。

3. 社会参与

社会性是人的本质属性。社会参与,重在强调能处理好自我与社会的关系,养成现代公民所必须遵守和履行的道德准则和行为规范,增强社会责任感,提升创新精神和实践能力,促进个人价值实现,推动社会发展进步,发展成为有理想信念、敢于担当的人。

(1) 责任担当:主要是学生在处理与社会、国家、国际等关系方面所形成的情感态度、价值取向和行为方式,具体包括社会责任、国家认同、国际理解等基本要点。

(2) 实践创新:主要是学生在日常活动、问题解决、适应挑战等方面所形成的实践能力、创新意识和行为表现,具体包括劳动意识、问题解决、技术应用等基本要点。

中国学生发展核心素养基本要点和主要表现如表 2-6 所示。

表 2-6 中国学生发展核心素养基本要点和主要表现

方面	核心素养	基本要点	主要表现
文化基础	人文底蕴	人文积淀	具有古今中外人文领域基本知识和成果的积累;能理解和掌握人文思想中所蕴含的认识方法和实践方法等
		人文情怀	具有以人为本的意识,尊重、维护人的尊严和价值;能关注人的生存、发展和幸福等
		审美情趣	具有艺术知识、技能与方法的积累;能理解和尊重文化艺术的多样性,具有发现、感知、欣赏、评价美的意识和基本能力;具有健康的审美价值取向;具有艺术表达和创意表现的兴趣和意识,能在生活中拓展和升华美等
	科学精神	理性思维	崇尚真知,能理解和掌握基本的科学原理和方法;尊重事实和证据,有实证意识和严谨的求知态度;逻辑清晰,能运用科学的思维方式认识事物、解决问题、指导行为等
		批判质疑	具有质疑意识;能独立思考、独立判断;思维缜密,能多角度、辩证地分析问题,做出选择和决定等
		勇于探究	具有好奇心和想象力;能不畏困难,有坚持不懈的探索精神;能大胆尝试,积极寻求有效的问题解决方法等

续表

方面	核心素养	基本要点	主要表现
自主发展	学会学习	乐学善学	能正确认识和理解学习的价值,具有积极的学习态度和浓厚的学习兴趣;能养成良好的学习习惯,掌握适合自身的学习方法;能自主学习,具有终身学习的意识和能力等
		勤于反思	具有对自己的学习状态进行审视的意识和习惯,善于总结经验;能够根据不同情境和自身实际,选择或调整学习策略和方法等
		信息意识	能自觉、有效地获取、评估、鉴别、使用信息;具有数字化生存能力,主动适应"互联网+"等社会信息化发展趋势;具有网络伦理道德与信息安全意识等
	健康生活	珍爱生命	理解生命意义和人生价值;具有安全意识与自我保护能力;掌握适合自身的运动方法和技能,养成健康文明的行为习惯和生活方式等
		健全人格	具有积极的心理品质,自信自爱,坚忍乐观;有自制力,能调节和管理自己的情绪,具有抗挫折能力等
		自我管理	能正确认识与评估自我;依据自身个性和潜质选择适合的发展方向;合理分配和使用时间与精力;具有达成目标的持续行动力等
社会参与	责任担当	社会责任	自尊自律,文明礼貌,诚信友善,宽和待人;孝亲敬长,有感恩之心;热心公益和志愿服务,敬业奉献,具有团队意识和互助精神;能主动作为,履职尽责,对自我和他人负责;能明辨是非,具有规则与法治意识,积极履行公民义务,理性行使公民权利;崇尚自由平等,能维护社会公平正义;热爱并尊重自然,具有绿色生活方式和可持续发展理念及行动等
		国家认同	具有国家意识,了解国情历史,认同国民身份,能自觉捍卫国家主权、尊严和利益;具有文化自信,尊重中华民族的优秀文明成果,能传播弘扬中华优秀传统文化和社会主义先进文化;了解中国共产党的历史和光荣传统,具有热爱党、拥护党的意识和行动;理解、接受并自觉践行社会主义核心价值观,具有中国特色社会主义共同理想,有为实现中华民族伟大复兴中国梦而不懈奋斗的信念和行动
		国际理解	具有全球意识和开放的心态,了解人类文明进程和世界发展动态;能尊重世界多元文化的多样性和差异性,积极参与跨文化交流;关注人类面临的全球性挑战,理解人类命运共同体的内涵与价值等
	实践创新	劳动意识	尊重劳动,具有积极的劳动态度和良好的劳动习惯;具有动手操作能力,掌握一定的劳动技能;在主动参加的家务劳动、生产劳动、公益活动和社会实践中,具有改进和创新劳动方式、提高劳动效率的意识;具有通过诚实合法劳动创造成功生活的意识和行动等
		问题解决	善于发现和提出问题,有解决问题的兴趣和热情;能依据特定情境和具体条件,选择制订合理的解决方案;具有在复杂环境中行动的能力等
		技术运用	理解技术与人类文明的有机联系,具有学习技术的兴趣和意愿;具有工程思维,能将创意和方案转化为有形物品或对已有物品进行改进与优化等

(二)核心素养的落实

作为事关学生个人发展和社会进步需要的必备品格和关键能力,核心素养理应成为中小学教育的终极追求。核心素养的提出是基础教育课程改革的创新点和突破点:其创新在于,以核心素养为统摄,使得教育立德树人的育人价值更加凸现;其突破在于,它是课程"三维目标"的整合。自从 21 世纪初新课改以来,课程的"三维目标"已经人尽皆知,但人们往往只在学科教育的文本知识中去寻找它,将它机械地割裂开来,并且存在对它贴标签的现象,核心素养作为课程育人价值的集中体现,贯穿于课程目标、结构、内容、教学实施及质量标准与评价的整个过程中。"三维目标"可以在核心素养目标下,在整个教学过程中得以完整体现。

核心素养的落实,显然不仅仅是对教学内容的选择和变更,它更是以学习方式和教学模式的变革为保障的。我们不能不承认,在当下的学科教学中,存在着高度的考试评价导向。这让学科教学陷入了纯粹对于知识点的追求,学科内容被碎片化、断点化,有些教学既不反映学科内容的逻辑完整性,也不反映知识体系的要素关联性。教学仅仅关心知识点的局部结论和考试的要求,忽略了许多属于学科知识意义的内容,比如,人类在这个领域知识体系的认知形成过程中有哪些思考过程与方法,这个知识体系如何解释大自然和人类社会的过去、现在及将来,人类在知识领域中如何为真理孜孜不倦地追求甚至牺牲的品质等。可见,教学中的"两张皮"现象其实是人为的,是由学科教学的价值追求偏差所造成的。

不同知识对人类发展的意义是不同的。然而,不管它的意义有多大差别,就学科教学而言,有一个目标是不应该有区别的,这就是任何学科的教师不仅要向学生解释知识是什么,而且要让学生了解所有的学科对于其成长的意义,让所学的知识和学习过程成为学生和社会相联系的重要纽带。这都需要学生用自身的实践去逐步体验、感悟和积累。只有这样,才能让学生知道学习内容的意义所在,才能够影响和改变他们的世界观和价值观,引领他们去思考未来对于社会应有的责任和方向。

一般而言,落实学生发展核心素养主要有三种路径:一是通过课程设计落实核心素养;二是通过教学实践落实核心素养;三是通过评价落实核心素养。毫无疑问,学生发展核心素养是课程设计的依据和出发点。刘启迪从学生发展核心素养的文化基础、自主发展、社会参与等方面阐释课程设计如何落实中国学生发展核心素养。

1. 课程设计要植根于本民族文化并融合国外文化

文化是人存在的根和魂,课程与文化之间的关系十分密切,文化不一定表现为课程,但课程的深处一定有文化的内涵。因此,课程设计要充分落实文化基础。

今天我们所说的文化应该是根植于中国优秀传统文化,并融合国外优秀文化的一种守正创新的文化。毋庸置疑,中国传统文化是非常重视人文文化的,这是我们中华民族文化的优长之处和根本所在。现在人们所说的科学大都是近代以来的西方自然科学,它重视实验和求真,强调知识和技能,特别值得一提的是,我们今天对文化的界定要强调自己民族文化的主流主导与核心价值观,不要照搬照抄西方的话语体系,文化功能和最终意义在于实现"以文化人",具体而言,就是重在强调能习得人文、科学等各领域的知识和技能,掌握和运用人类优秀智慧成果,涵养内在精神,发展成为有深厚文化基础、有更高精神追求的人。我们的课程设计,只要根植于自己民族优秀文化的基础,强调本民族优秀文化的主流价值和主导方向,教科书的内容呈现就不会出现所谓的西化。当然,我们在课程设计上要放眼世界,要学习、吸收并融合国外的先进思想,这并不是西化。是不是西化,要从文化基础来判断和分析。

总之,课程设计在落实文化基础的过程中,要做到"中学为体,西学为用",即我们在研究与借鉴国外先进文化理念的时候,要结合本土实际进行创造性的转化,在融合国外文化的过程中,要始终保持自己本民族的精神和灵魂,要把西方先进的科技和现代化的管理经验转化为自己的本领和才能。

2. 课程设计要重视文化基础的基础——自己民族的语言文字

不言而喻,语言文字是民族文化记载和传承的重要载体,它是民族文化当中最基本的构成要素,是文化基础的基础。所以,在经济合作与发展组织(OECD)提出的核心素养结构中,一级素养为"能互动地使用工具",在二级素养里有更明确的说明,"互动地使用语言、符号和文本的能力"。

拥有并善于运用自己的语言文字,是一个国家、一个民族生存和发展的重要标志。众所周知,都德的《最后一课》中,韩麦尔先生说:"作为一个教母语的老师,面临的是要跟自己国家的语言分手,跟自己的祖国分手。这是何等难以忍受的悲痛!""当前,我还是一位教法语的老师,我要尽自己最大的努力,在有限的时间传授给学生无穷无尽的知识,我要在他们幼小的心里播下美好的种子!"国民语言能力的高低反映一个国家民族文化素质的状况,语言本身不仅在教育中十分重要,在国家文化建设中也有着十分重要的地位。语言文字的学习与修养,不只是语文课程所能独立完成的,还需要其他学科课程相互配合,要树立"大语文课程设计观",即只看语文课本是学不好语文的,必须与其他课程进行统筹设计。

3. 课程设计要凸显文化基础的核心

文化的基础要素包括语言、文字、思维方式和生活习俗,其中,思维方式是文化的核心要素。人的思维方式在文化上表现为人文的思维方式与科学的思维方式,如果具体到学科课程领域,则表现为文科思维方式与理科思维方式。毋庸置疑,无论是人文还是科学的思维方式都是必不可少的,从中国文化整体关联的思维方式来看,世界是一个整体,我们在分析和思考问题时应该坚持综合整合的思维,防止出现断章取义、支离破损、众盲摸象的片面与误区。因此,课程设计不只有分科课程,更要有综合课程。

当然,这里的综合课程已是课程结构深刻变革的结果,是不同课程门类的大整合和大融合,在思维方式上实现的是一种大扩张、大跨越。综合课程设计的最高境界是对完整世界的观照与生动体现。课程设计从表层上看是知识内容的呈现,从深层上看其实是思维方式的渗透。大的综合课程设计需要在思维方式的培养上体现"文理兼修""文理沟通""文理合一"。以数理化学科为例,不少学生对数理化有畏难情绪,感到烦躁,其原因不在学生,而在于课程内容的呈现太枯燥、太抽象,而且有些教师的教学不得法,科学和教育没有融合。要知道,学生最先形成的是形象思维,而数理化是逻辑思维,很多学生一下子不适应。为提高学生的学习兴趣,这个时候需要课程设计人员转化思维方式,不妨把教科书里的公式、定理的发现过程、人物故事写出来,让学生像读小说一样学习数理化,或者说,将理科内容以文学诗词的手法来呈现,就会化抽象为形象,实现思维方式的转换与互补,从而降低学生学习的难度,进而增加学生学习的兴趣,提高教学效果。同理,文科课程设计者能够从理科领域获得一定自然科学的素养,也能够收到事半功倍的效果。从根本上讲,文理兼修旨在让师生形成对完整世界的真认知,在思维方式上培育的是一种大扩张、大转化的跨界思维素养。从一定意义上说,核心素养是综合性的。

4. 课程设计要体现自主发展

自主发展是学生发展核心素养的第二个方面,包括自主学习和健康生活两大素养,课程设计与学生自主发展时间到底是一种什么样的关系呢?课程设计要为学生自主发展提供蓝图,或者说是为适合学生终身发展与适应社会发展提供一种路线图,无论国家课程,地理课程,还是校本课程,最终都是要还原满足学生自主发展的升本课程设计,旨在实现以学生发展为本。课程设计在核心内容上要充分考虑学生终身发展和适应社会发展所需要的必备品格和关键能力,这种德育为先和能力为重的核心素养已经超越学科知识本位的课程设计,课程设计的核心在于培养全面发展的人。人的全面发展不只是知识的单项掌握,还应该是知识、技能、情感、态度、价值观等多方面的综合表现。涉及真善美,包括德智体美劳课程的经典问题,不是关于知识的价值问题,而是关于全面发展的人需要什么样的核心素养的问题。这也是课程设计要精心研究与落实的问题。

学生的自主发展是课程设计的目标,课程设计只是给学生自主发展提供一个适合的依据,学生自主发展是课程设计的最终归宿,也可以说,只有当学生实现了自主发展,才不需要外在地为他们设计所有的课程,这个道理如同叶圣陶先生提倡的"教任何功课最终目的都在于达到不需要教"一样。因此,在由三级课程向升本课程转换的设计过程中,最理想的效果就是让学生学会设计适合自身终身发展的个人课程。这个课程是学生在已经知道自己的人生发展方向之后,自己独立设计完成的。当然,对于多数人来说,这种个人课程的设计在高中阶段可见雏形,属于高中生涯设计教育,而升本课程还是来自学校的外在预设,不是来自学生的自觉发现,学生自主发展的空间,一开始是来自校本课程和审美课程的设计与实施,但最终是来自个人课程的设计与实践。

5. 课程设计要体现社会参与

社会参与是中国学生发展核心素养的第三个方面,包括责任担当和实践创新两大核心素养,重在强调能处理好自我与社会的关系,养成现代公民所必须遵守和履行的道德准则和行为规范,增强社会责任感,提升创新精神和实践能力,促进个人价值实现,推动社会发展进步,发展成为有理想信念、敢于担当的人。这种核心素养的培养与中国传统的儒家思想"修身齐家治国平天下"是一脉相承的,要培养学生的社会参与素养,可以在综合实践活动课程的设计中来落实,也可以说,学生发展核心素养是社会参与赋予综合实践活动课程设计丰富的内涵,同时要与思想品德和思想政治等课程进行统筹设计,包括纵向衔接和横向配合。

以上只大致阐释了课程设计落实学生发展核心素养的三个方面,课程设计不是这三个方面及六大核心素养的简单罗列和对其相应内涵的简单分解,而是要充分体现学生发展核心素养的核心,强调立德树人这一点。因此,我们应该树立以人的全面发展为本的课程设计观,这是对知识思维能力、价值观等核心内容的涵盖与超越。

第三章
研学旅行课程设计与实施

研学旅行课程设计以课程开发作为试点研究的切入点,学校促进了研学旅行和本校课程的有机融合:具化了研学旅行课程目标、设计了序列化的课程内容、积累了有效的实施策略,形成了将研学旅行纳入学校教育教学计划,与综合实践活动课程统筹考虑的校本化实施路径。研学旅行是现代素质教育活动的着力点,学校应依据学生的身心发展特点,结合学校实际情况,建立科学的研学旅行课程体系,以先进教育理念为指导,采取相应的研学保障措施,明确目标和完善评价方式,只有这样,才能更好地进行整体课程的设计和实施,推动研学旅行健康发展。

第一节 研学旅行课程设计

课程设计是指通过需求分析确定课程目标,再根据这一目标选择某一个学科或多个学科的教学内容和相关教学活动进行计划、组织、实施、评价、修订,以最终达到课程目标的整个工作过程。

学校研学旅行课程内容的设计应紧紧围绕学生的培养目标展开,从各方面结合学生的兴趣、学习动机、意志品质、认知能力和认知方式,考察周边的环境和社会资源,体现"游、研、学"一体的综合学习方法。

研学旅行课程的设计将经验学习理论核心素养、PBL 项目制学习进行整合,从个体自身特性、个体与环境的交互两个方面同时构建研学旅行教育机制的实现过程。

(一)课程设计的逻辑

课程的组成由学科的分级结构决定,设计的原则如图 3-1 所示。

研学旅行课程设计在遵循课程设计一般原则的基础上,根据其独特属性开发研学旅行课程,设计逻辑如下。

1. 根据课程目标设计课程内容

研学旅行课程应根据人文性、实践性和研究性进行综合设计;课程设计应以学校为

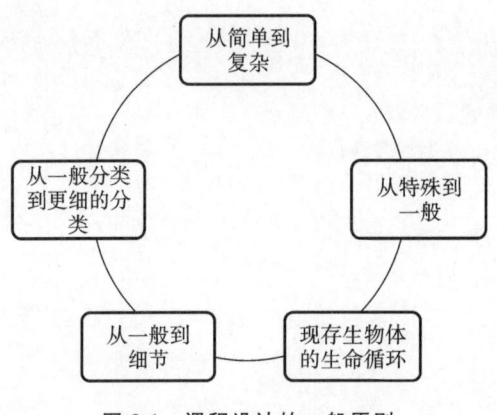

图 3-1　课程设计的一般原则

本位,根据地方特色而确定,体现文化精神。设计的研学旅行课程应以研学旅行为主要内容,体现学生整体参与的校本课程,是一门在教师的指导下,由学生自主进行综合性学习的综合实践活动课程。

开发和实施研学旅行课程的目的是培养学生快乐、自信、坚毅、豁达的内在特质,促进学生培育和践行社会主义核心价值观;促进学生书本知识和生活经验的深度融合,加深学生与自然、文化的亲近感;锻炼学生自主交往、吸收接纳的能力;加深学生对本土文化的理解,培植学生对家乡的认同感与自豪感;开阔学生视野,理解、尊重、接纳多元文化,从而实现自由成长和社会责任相伴、民族情怀与国际理解融通的教育理念。

基于以上研学旅行课程的目标,在课程内容设计上应积极响应国家的相关方针政策,弥补校内教育不足,培养学生的实践能力和创新能力,引导学生从课堂走向课外,从课程学习走向游学,从游学走向研学。

2. 根据研学旅行的时间节点设置课程内容

研学旅行被定位为"课程",与普通的春游、秋游有着本质的区别,它是学校对研学旅行的教育目标、教学内容、教学活动方式的整体规划和设计,必须有着相对固定的课时安排、教学内容、参与人员安排等。

学校学生研学旅行课程以开展研学旅行的时间阶段为纵轴,分为研学旅行前课程、研学旅行中课程和研学旅行后课程,再根据学生的年龄特点和认知特点,开发菜单式微型课程(表 3-1)。随着学生年龄的增长,他们所涉足的区域会越来越广阔,课程的难度也会逐渐增加,更具综合性。

表 3-1　研学旅行菜单式微型课程安排

时间节点	课程选择	课时安排
研学旅行前 (2课时)	自护自理课程,媒体运用课程,主题遴选课程,习俗了解课程,礼仪规范课程,汇率理财课程,行囊准备课程	班会课1课时 研究课1课时
研学旅行中 (2课时)	亲近自然课程,文化传承课程,合作交往课程,探索发现课程,户外锻炼课程,情感体验课程,环保行动课程,学科整合课程	研学旅行中实时 指导2课时

时间节点	课程选择	课时安排
研学旅行后 （2课时）	体验分享课程，感悟提升课程，文化传播课程，问题探究课程，成果创意课程等	资料整理1课时 成果展示1课时

上述各课程既相对独立，又相互关联。学生在教师和家长的指导下，根据自身能力和需要，结合研学旅行目的地的特色，对提供的课程菜单进行自主选择或重组。这样的研学旅行课程内容设计，有利于实现跨学科的融合。

①研学前，各学科教师根据相关的研究主题设计好研学手册，为研学课程提供支撑，班主任和研究教师则做好具体的指导工作。

②研学中，学生通过学科知识融合学习，在带队教师的指导下完成项目学习体验，并自主安排课余时间，突出小组合作学习的特质。

③研学后，研学课程反哺学科教学，通过对研学旅行资料的整理和成果展示，为学科教学提供教学资源。

在整个课程的实施中，具体的课时安排和相关的负责教师，为研学旅行的课程质量提供了有效的保障。

3. 根据学生可活动的区域设计课程内容

任何课程内容的设计都要考虑到课程实施的可行性。出于对学生安全、自理能力等多方面因素的考虑，地方教育局规定在研学课程的开展中，小学生以乡土乡情为主、初中生以县情市情为主、高中生以省情国情为主。

因此，研学旅行课程内容的设计与选择，应根据区域的地理位置及资源价值来确定。例如，以学校为圆心，以学生可以涉足的距离为半径，把研学旅行课程按区域分为"漫步校园跨校一日体验""探访家乡风土寻根活动""美丽中国开放主题课程""走进世界多元文化理解"4大板块，共16个主题。

板块一"漫步校园跨校一日体验"共设3个主题课程，主要针对中低年级学生开展：

①校园拾趣：与乡镇学校结对，认识不同的校园环境，体验不同学校的特色文化；

②生态探秘：开发校园生态园，进行户外观察；

③跨校交友：结识异校小伙伴，进行住家体验，锻炼交往能力。

板块二"探访家乡风土寻根活动"共设4个主题课程，主要针对中低年级学生开展：

①走近圣贤：了解家乡名人的生平事迹，热爱家乡，传承家乡文化；

②寻访老街：畅游古镇老街，了解相关历史文化典故，感受古镇文化底蕴；

③亲近园林：游览园林，了解园林历史，培养对建筑、园林的审美情趣；

④走进新农村：了解周边农村的发展变化，体验农村生活，感受种植乐趣。

板块三"美丽中国开放主题课程"共设5个主题课程，主要针对中高年级学生开展：

①红色追踪：了解英雄的丰功伟绩，用红色精神滋养心灵，培养爱国主义情怀；

②科技畅想：体验科技馆里的互动游戏，培养探究能力和思维能力；

③登高望远：攀登高山，锻炼身体，增长见识，培养坚韧不拔的意志；

④对话历史：游览历史名城，传承中华优秀文化，增强民族自豪感；

⑤动物世界：了解动物的特征和习性，热爱生命和自然，提升生态保护意识。

板块四"走进世界多元文化理解"共设 4 个主题课程,主要针对高年级学生开展:

①地标建筑:参观世界各国的地标建筑,进行中外建筑比对研究,促进对不同国家历史和文化的了解,提高建筑、艺术审美的意识和能力;

②特色美食:理解中西饮食文化及礼仪规范,把握本民族的文化特征;

③人物印象:深入观察和了解身边的一个人物,学会不同国家待人接物的礼仪和方法,学会国际合作与分享;

④物候特征:感受不同国家地区的气候变化,提高环保意识,拓展生存能力。

课程内容设计基于这样的原则,循序渐进,由近及远,逐步推进。低年级学生以市内联盟学校的跨校活动为主,辅以家乡文化的体验,锻炼学生最基本的实践活动能力,为以后走出家乡打好基础;中高年级的学生走出家乡,甚至五、六年级的学生还有机会与国际友好学校进行交流。

根据学生年龄特点和课程涉足区域设计的研学旅行内容,使得学校能够合理地把地方政策规定和学生发展两者兼顾起来,对周边地方资源进行有效的开发和利用,可操作性强。同时,也使得研学旅行课程内容的设计能够真正落到实处,帮助学生了解国情、热爱祖国、开阔眼界、增长知识,着力提高他们的社会责任感、创新精神和实践能力。

(二)研学旅行课程内容设计的注意点

研学旅行课程具有实践性、研究性、教育性、安全性、公益性等特性。相对于传统的课堂教学,研学旅行则更注重培养学生解决实际问题的综合实践能力,在一定程度上可以匡正当前学校课程过于偏重书本知识、课堂讲授,以及让学生被动接受学习的弊端,弥补学生经验狭隘、理论脱离实际的缺陷。因此,研学旅行课程内容的设计应基于以下三个方面进行思考。

1. 注重课程整合的综合性

最初的研学旅行是一种校外活动的拼合,呈现碎片化、随意性大的特点,往往只是学生跟着教师和导游到某个地方玩了一圈,缺少研和学的意味。例如,有的学校一到六年级的学生都去同一个地方游学,对学生的游学也没有任何指导,导致"低年级的学生看不懂,高年级的学生不想看"的尴尬局面。这种不规范、不成系统的现象直接影响了研学旅行的教育效果。

现在从课程整合的视角把研学旅行活动课程化、系统化,将研学旅行作为一个生活化的主题活动课程,根据学生的年龄特点和认知特点优选相适应的课程内容,并与学科学习整合,与校内班级、学校层面活动整合,从而实现研学旅行课程主题、学习方式、知识内容、参与主体的整体设计。

在研学旅行课程开发过程中,把课堂学习带到游学过程中,实现课堂与课外的互通;把游学过程中遇到的困难、发现的问题与学科教学内容联系起来,开发为教学资源;将课堂倡导的自主、合作、探究的学习方式延展到生活空间中,并在游学过程中促进学科技能的真正形成;利用学校内的活动课程整合研学旅行的主题活动,按照研学旅行前、研学旅行中、研学旅行后三个阶段开发若干微型课程,探索研学主题活动与校内不同课程活动的合理整合。研学旅行的课程设计力求把多种学习方式、多个学习主题、不同学习内容、多门学科、多类参与主体等整合设计,做到游中有学、学中有研、学研结合、激思导学。

2. 注重学生参与的自主性

学生眼中的"玩""游"和成人眼中的不一样,以往很多研学旅行内容的设计是从成人喜好的角度出发,以成人的思维代替学生思维,这就很容易造成小学生在研学旅行过程中的无趣、无感、无获。如果缺少了学生的主动参与,便无法培养他们的实践能力与创新思维。

在课程的设计和选择中,一些固化的并随学生年龄增长而不断深化的课程,比如自护自理课程、行囊准备课程等,尤其是安全方面的课程,不仅有对学生的培训,更有与各方机构协调的责任分担。在进行研学旅行的研究点的选择时,应为学生提供更多的自由度,如在研学旅行前组织学生一起参与行前课程的制定,学生可以对目的地的选择发表看法,共同参与《研学旅行手册》的研制和课程内容套餐的选择等,充分发挥学生的主观能动性。

在研学旅行中,注重发挥学生小组的作用,在保证安全的前提下,给予学生充分的研学时间与空间。例如,有的目的地可能会涉及多种研学课程的主题内容,如常州淹城就是属于这类游学地点,既能游览淹城遗址"对话历史",又能观赏4D电影"畅想科技",还能疯狂一把"挑战极限"。分组活动时,学生就可以协调遴选出自己小组的研学内容。这样就充分尊重了学生在研学旅行过程中的主体地位,激发学生自主参与的积极性,在选择和制定课程内容时,学生的实践能力和创新思维必将得到有效的发展。

3. 注重学生实践的过程性

研学旅行课程是一门综合实践课程,实践性、探究性应该是它的核心,但是以往的研学旅行往往只关注集体观光旅游,忽略了学生的体验与探究。不少研学旅行常常搞成了一个热闹的活动,至于学生在此过程中学到了什么、获得什么,缺少一定的思考和对实情的了解。

怎样可以提高对学生研学实践的过程性指导?首先是指导人员的实时保障。要求带队的研学教师对学生提供实时指导,也要求导游进行更加有针对性的讲解,以及邀请家长志愿者共同参与,以此来弥补教师带队人手不足等问题。其次是研学旅行手册的使用。在师生共同精心选择好研学课程之后,在研学中根据研学旅行手册,为学生的研学过程进行任务指导,让学生带着研学的明确目标和任务进行活动,在这个部分,也要杜绝只研不学的倾向。

研学课程安排为2课时,学生在完成既定研学任务后,可以有更多的自由体验。此外是以研后分享来促进学生研学成果的物化及反思。尤其对于中高年级的学生,在每个学期参与这样有目标、有计划的研学旅行之后,他们可以有更多创新的成果表达。

综上所述,在研学旅行课程的开发过程中,课程内容的设计应注重学生真实的体验与发现;注重鼓励学生积极参与、独立思考、勇于探究;注重学科知识在生活中的实际应用,强调学生通过自身实践和实际操作,发现问题、解决问题;注重培养学生与人交往、合作的能力,形成积极向上的价值观和情感体验。

每一个主题的研学旅行都有相应的学生培养目标,在研学旅行手册中制订了可供学生选择完成的研学任务,关注师生、生生之间的评价及学生在活动过程中的真实体验和感悟。研前组织学生上好研前课程;研中充分发挥学生的主观能动性和创造性,关注学生经历了什么、感受了什么、体会了什么、收获了什么、创新了什么;研后组织学生开展自我反思和总结活动,把直观的体验内化为对经验的总结和提炼,用创新性的方式呈现研学旅行的成果,从而使学生获得新的知识和能力,提高学生自身的综合素养和关键能力。

(三)课程效果评价

课程效果评价是指根据一定的标准和课程系统信息,以科学的方法检查课程的目标、编订和实施是否实现了教育目的,实现的程度如何,以判定课程设计的效果,并据此作出改进课程的决策。研学旅行合理的课程是教和学可持续发展的动力,其效果评价更多的是为了改进和提高,为学生发展助力。

1. 评价体系的建立

(1)以多维目标设计构建研学旅行评价标准体系。

研学旅行可谓是世界各国、各民族文明中最为传统的一种学习教育方式。所谓"读万卷书,行万里路",对正处于成长期的青少年来说,研学旅行的确可以增长见闻、扩展胸怀,学到不少在书本中无法获得的知识。但是,对研学旅行的评价,却不能只立足于这样一种简单的认识,必须要有清晰的战略目标和顶层设计,把研学旅行体系建设上升到提升国民素质、增强国家文化软实力,以及国家重要的对外教育、文化交流的战略高度来认识。评价对教育活动的导向作用是客观存在的,关键是我们的评价到底要将研学旅行指向何方。研学旅行的目的不是旅游,而是研究性学习。那么,我们追求什么样的研究性学习效果,就决定了我们将评价什么,如何评价。

①明确研学旅行评价的多元化目标。

研学旅行的魅力在于,它的实施渠道是多种多样的,活动特色是丰富多彩的,作用的发挥是多个层面的。因此,设计研学旅行活动的评价目标也必须是多元的而不是单一的,既不是单纯的"开眼界旅行",也不是呆板的"换个地方上课"。如开展研学旅行较早的日本,其学者较为一致地认为,组织学生进行研学旅行的意义和目标是多方面的:a. 作为国民教育的一部分,研学旅行可以使学生参观国家名胜古迹,了解国家重要文化;b. 使学生有机会对书本知识进行实践;c. 可以锻炼学生的保健卫生、集体行动、安全等意识,从而使学生的身心得到锻炼;d. 可以丰富学生生活。

开展研学旅行活动的根本宗旨,是对学生进行素质教育,出发点在于激发学生主动作为,在研学旅行活动中观察世界,动手动脑,提高学生发现问题、研究问题、解决问题的能力。遵循教育规律的研学旅行,把学习与旅行实践相结合,把校园教育和校外教育有效衔接,强调学思结合,突出知行合一,使学生学会生存生活,学会做人做事,促进学生身心健康。这有助于培养学生的社会责任感、创新精神和实践能力,是落实立德树人、提高教育质量的重要途径。研学旅行还是加强社会主义核心价值观教育的重要载体。它依托自然和文化遗产资源、红色教育资源和综合实践基地等,让广大中小学生在研学旅行中感受祖国大好河山,感受中华传统美德,感受革命光荣历史,感受改革开放伟大成就,激发学生对党、对国家、对人民的热爱之情,增强对坚定"四个自信"的理解与认同,是加强中小学德育、培育和践行社会主义核心价值观的重要载体。

研学旅行既是实施素质教育的重要途径,又承载着道德素养的养成、创新精神的培育、实践能力的培养等多方面教育功能。因此,研学旅行的评价要遵循教育内在规律,既要注重旅行形式的趣味性、旅行过程的知识性、旅行内容的科学性,还要注重学生良好人文素养的培育,以及旅游过程中的良好习惯的养成教育。研学旅行评价要在这个总目标的统领下,以多维的视角来确定评价的目标。以往学科课程的评价者主要是各科教师或班主任,以分数的高低作为评价学生的主要标准,不能从德、智、体、美、劳多方面给予学生全面客观的评价。

研学旅行的评价,具有鲜明的多元性特征,其主要内容是学生发展的基本素质,既有对学生把学到的学科知识加以综合并运用到实践中探究新知的评价,也有对学生在研学过程中客观存在的各种非智力因素的评价,比如对研学旅行过程中的认识、态度、方法、体验和品质的评价,还有对学生在旅行实践中发现问题与提出问题能力、搜集和加工信息能力、人际合作交往能力、创新精神和创造能力的评价。这种对学生综合能力的评价体现了研学旅行评价内容的丰富性、灵活性、综合性和多导向的特征。

②确立研学旅行评价的载体,建设相关课程。

如前所述,研学旅行要真正"落地",必须按照教育部等11部门印发《关于推进中小学生研学旅行的意见》要求,将研学旅行纳入中小学教育教学计划。其主要方式是课程化,即将其设计为一门或多门课程。首先,各地教育行政部门要加强对中小学开展研学旅行的指导和帮助,在政策上明确研学旅行纳入教育教学计划的具体方案;其次,各中小学需要结合当地实际,把研学旅行纳入学校教育教学计划,与综合实践活动课程统筹考虑,促进研学旅行和学校课程有机融合,切实将研学旅行由选修课变为必修课,由随机性变为计划性,引导学生从少量参与发展到广泛参与、全员参与;再次,研学旅行课程的设计,可以吸收各方面的力量,将校内教学需求和校外教学资源有机融合,做到立意高远、目的明确、活动有趣、学习有效,避免"只旅不学"或"只学不旅"现象。研学旅行的时间设置,由学校根据教育教学计划灵活安排,一般安排在小学四到六年级、初中一到二年级、高中一到二年级,尽量错开旅游高峰期,以保证研学旅行的安全性和经济性。在研学旅行课程设计上,要给予学校充分的自主权,由学校根据学段特点和地域特色,逐步建立小学阶段以乡土乡情为主、初中阶段以县情市情为主、高中阶段以省情国情为主的研学旅行活动课程体系。各地要把研学旅行实施情况和成效作为学校综合考评的重要内容,系统建立学校研学旅行教育体系。强化双向交流、多向交流,强调行中学、行中悟、实践中学、学以致用,谋求全面发展。

在研学旅行课程体系建设过程中,尤其要注意因地制宜和因时制宜,即不同区域、不同资质的学校必须根据学生不同年龄特点的发展需求、不同地区的办学定位和不同学段素质教育的需求,制订本学校、各学段、分学期切实可行的研学旅行课程计划。研学旅行课程计划要有不同学段、不同时期、不同地区的具体课程目标,切实可行的课程安排及研学旅行活动结束后的课程评价,避免将研学旅行变为盲目性、随意性的"放羊式"旅游活动。

在课程目标的制订上,要与学校的综合实践活动课程统筹考虑,活动中的知识性目标、能力性目标、情感、态度、价值观领域的目标和核心素养的目标等都应该是落实课程目标的核心要点。在其评价体系建立中,要紧密结合课程目标,注重课程的教育性体现。要通过对学生在研学旅行活动过程中体验感受、身心思想和意志品质等方面发展的考查和评价,落实立德树人的根本任务,促进和激励中小学生了解国情、开阔眼界、增长知识,着力增强他们的社会责任感,提高他们的创新精神和实践能力。

(2)以多元评价主体促进研学旅行评价实践化、全程化。

研学旅行带给学生丰富、多元的文化环境,既能让学生在各地旅行,又能让他们在生活中真实地感受异质文化,这种文化浸入式的学习方式给学生带来的是前所未有的"冲击",激发他们对世界的好奇心和探索意愿,并促使他们在旅行中成长为知识丰富且富有同情心的人。由于这种异于课堂和校园的多元环境带来鲜活的现实体验,不是来自书本的间接学习,因此研学旅行评价也应与课堂评价、学业评价大有不同,遵循其自身的独特规律进行设计和实施。其核心要点是通过对研学旅行的评价,激发学生对外部世界和科学知识的好奇心、探究心,提高学生对科学研究的积极情感体验,培养学生合作和分享能力、发现问题和解决问题的能力,增加其社会责任心和自信心,改变学生学习方式,提高学习质量,促进学生素质的全面发展。同时也能帮助学校和教师掌握和提高课程教学质量,促进研究性学习课程的研发。

①实行研学旅行评价主体多元化,强调学生的主体性。

研学旅行从本质上来说是一种体验式的学习,是课堂学习很好的辅助手段,旨在使校内外教育相互融合,培养学生的科学精神和实践能力。研学旅行活动的实施过程涉及教育行政、区域管理、旅游管理,涉及旅行所至的每一个地方和活动的每一个环节。因而对它的评价必须是多方位、多视角和多主体的,必须建立学校、家庭、社区相结合的评价网络,形成评价主体的多元化。评价者可以是学生个体,或是学习小组和整个班级,或是单个指导教师和课题指导小组教师,或是学生家长和与研学旅行有关的部门、社区组织和各行业人才。评价结果可包括学生自评、同学互评和教师评价等,每个评价主体都应具有相应的权重,这样的设计将研学旅行中的每一个参与者都变成了评价者,因此能提高学生的积极性。

研学旅行的课程目标强调以学生为主体的主动学习和探究,对其评价也要强调学生的主体性。在研学旅行的实施中,由学生自主决定研究学习的课题,设计课题研究方案,选择学习场所,聘请研究指导教师,自主撰写研究报告。这就改变了以往只有教师对学生单向参与评价的状况,学生既是研究性学习的主体,又是自我评价、相互评价的主体,从而使教与学在评价中得到和谐统一。

②研学旅行的评价要突出实践性。

研学旅行是研究性学习和旅行体验相结合的校外教育活动,研学是目的,旅行是手段,通过旅行中开展的各种教育活动和学生的亲身体验来实现综合育人的目的。研学强调学生把学到的基础知识、掌握的基本技能应用到实践中去,学生在实践中不仅获取了大量的感性知识和情感体验,也培养了他们观察、思考、表达和操作的能力。因此,研学旅行评价应注重和突出实践性。这正是我国推动全面实施素质教育、全面进行基础教育评价改革的一种重要创新。研学旅行的课程设计和评价,要引导学生在实践中主动适应社会,充分促进学生知行合一、书本知识和生活经验深度融合,避免采用单一的学科知识被动学习方式。使学生通过亲自实践来激活书本知识,完成从知识到能力和智慧的转化。

在研学旅行课程的评价上突出实践性,应当超越学校、课堂和教材的局限,在活动时空上向自然环境、学生的生活领域和社会活动领域延伸,学生在教师的指导下,以问题为中心,在实际情境中认识与体验客观世界,在实践学习中亲近自然、了解社会、认识自我,并在学习过程中,提高发现问题、分析和解决问题的能力。

③研学旅行的评价要突出过程性和激励性。

如何能够在短短几天的旅行过程中,实实在在地开展研究性学习,这对整个课程研学旅行的设计者和实施者来说是一个非常具体和巨大的考验。由于研究性学习强调过程性,因而在活动设计之初就要充分考虑到评价如何贯穿过程始终。如果我们粗略地将研学旅行活动划分为设计内容阶段、实施阶段和总结阶段的话,对研学旅行活动的评价,亦要做好这3个阶段的评价。

一是设计内容阶段的评价,应侧重于学生发现问题和提出问题的意识和能力。评价前期的资料搜集工作,包括如何确定研究课题,制订旅行中的研究方案,进行问题论证和报告等,促使学生以积极的态度投入问题解决中。

二是实施阶段的评价,应侧重于检查研学旅行方案的实施情况。主要考查学生对资料的搜集、加工和分析,掌握研学的活动进程,判断研究目标是否达成等,也可以让学生互相检查。在这个过程中,要对评价结果进行及时的反馈,重视对学生课题活动的指导。

三是总结阶段的评价,应侧重于关注学生参与过程的情况。主要对学生在研学过程中知识的整理与综合、资料的搜集与加工、研学报告撰写、人际交流与小组合作、研究成果的评定与展示等进行评价,这个过程也是对其学习方式、思维方式的考查,最后在全过程基础上形成总结性评价。

需要注意的是,研学旅行评价的价值取向是强调每个学生都有充分学习的潜能,具有创新精神和创造能力,为学生在实践中进行不同层次的体验和研究提供条件,激励学生全员参与。因此研学旅行评价必须以激励性为主,以学生发展为本,注重学生的个体差异,用发展的眼光评价研学旅行活动的成果,注意从纵向角度评价,肯定成绩和优点,而不能演化成一次性的学业评价特别是分数评价。通过学生间互相评价,激发学生建立共事合作、尊重他人意见、发现别人长处、遇到挫折相互鼓励、群策群力的精神,才能够充分调动学生的积极性、主动性、自觉性,鼓励学生发挥自己的个性特长,展示自己在实践中形成的创造才能。

(3)聚合多方力量打造研学旅行评价系统。

研学旅行是研究性学习和旅游相结合的体验式课程,理想模式应该是学生在旅行前和旅行过程中自主发现问题,在教师指导下找到解决问题的办法,从而培养自身综合运用知识与解决实际问题的能力。这也意味着,学生的研究性学习难题,不是具有某一单一学科知识就能够解决的,而是需要拥有跨学科知识和视野的教师引导。这就对学校的组织及教师的基本素质和学术水平提出了非常高的要求。由于研学旅行课程设计应以统筹协调、整合资源为突破口,对研学旅行基地功能的拓展、研学旅行线路的设计、活动课程资源的开发等进行创造性的整合。相应地,研学旅行的评价也要整合相关资源,以多方力量共同打造全新的评价体系。

①整合资源,共同打造课程和评价系统。

研学旅行课程和评价系统的建立,需要统筹安排好研学旅行基地、研学旅行线路的课程资源开发;需要结合域情、校情、学情,从自然和文化遗产资源、红色教育资源和综合实践基地,如大型公共设施、博物馆、科技馆、知名院校、工矿企业、科研机构中挖掘和整合可利用的课程内容资源。充分发挥综合育人功能,实现与学校实践活动课程目标的衔接融合,推动学校与社会基地、校内课程与校外实践、校内教师与校外导师之间的衔接互动,从而实现学校教育与校外教育的有效融合。例如:学校可以充分挖掘各方资源优势,自建校本特色的研学旅行活动基地;也可以充分利用当地旅游资源,与当地旅行社合作,共建共享文化旅游研学基地;也可以统筹协调社会力量,直接购买高品质的文化旅游服务产品。

同时,活动课程还要以学生为中心,根据小学、初中、高中不同学段的教育目标进行系统整合,有针对性地开发自然类、历史类、地理类、科技类、人文类、体验类等多种类型的研学旅行活动课程体系。从本质上看,这样的课程体系目的是要更多地关注人与自然、人与他人和社会、人与国家、人与自我关系的整合。要实现这样的目标,需要教育、旅游、文化、财政、公安、交通等部门的密切配合,建立系统化的发展规划,形成跨政府部门的统筹机制、组织实施机制、课程教学机制和评价机制,确保研学旅行的顺利开展;也需要探索教育部门和旅游等相关部门的研学旅行跨界产业化运作,明确政府与市场边界,探索研学机构、研学基地的资质认定,摸索研学旅行导师制,实施标准化服务体系和安全保障体系,进而出台和推行研学旅行国家标准,并依据相关标准进行评价活动,激励学生在实践中学真知、长能力。

②广开"才"路,吸纳各种人才,建立合格的指导教师队伍、评价队伍。

深入研究设计研学内容和评价标准,充分满足学生在研学旅行中研究问题的需求,建立一支合格的指导教师队伍,这样才能通过指导学生研学活动,有效地评价研学效果。一方面可以从学校抽调本身受过良好学术训练、有经验的各学科指导教师,另一方面可以依照"不为所有,但求所用"的思路,聘请当地专家或行业专家来指导,充分介绍本地的风土人情及乡土研究情况,为学生的研究性学习选题把关,并提出进一步的研究意见。在这方面北京市第一七一中学提供了范例:该校在每一次研学旅行前,都为学生开设研究性学习选题和研究方法的专题讲座。同时,为了帮助学生进一步选好题、做好研究,在每次研学旅行出发前,指导教师团队都会给学生提供《教师建议选题集》作为范例,帮助学生理解选题,了解方向与方法。例如,在赴河南红旗渠进行研学活动前,各学科教师为学生提供了一些选题建议供学生参考:政治课教师提出了"红旗渠精神的内涵""红旗渠精神的当代价值分析"等选题;地理课教师提出了"探究红旗渠沿线易发生哪种地质灾害""红旗渠红色旅游发展现状调查研究"等选题;历史课教师提出了"红旗渠精神产生的历史条件分析""红旗渠总设计师杨贵的传奇人生"等选题;语文教师则提出了"红旗渠红色歌谣研究"等选题。学生到长春进行研学活动时,则聘请了吉林大学中文系沈文凡教授,为学生进行了"东北三省文学研究历史与现状"的专题讲座,从文学的角度为学生展示了东北地区学术研究的源流,并且在讲座后,就学生的选题进行个别指导。经过当地专家的介绍和具体指导,学生的研究性学习选题与实践就有了质量上的保障。在当地专家指导的基础上,学生的各学科指导教师在研学旅行过程中,会根据学生选题的方向,有针对性地每天对学生的研究进度进行检查、指导。有了合格的指导教师队伍,也就有了从事过程评价的专业队伍,研学旅行评价的实践性和过程性才能得到有效落实。

研学旅行是一项处于探索之中的新事物,全国尚没有统一成文的考核机制和监督评价办法。建设研学旅行评价体系将是一个长期探索的过程,还需要集思广益、博采众长,充分实践和论证。在这一过程中,各地教育部门、各中小学校应进行积极探索,社会相关方面更应给予积极支持。评价标准多维度、评价主体多元化、评价方法多样化,将是其主要追求的目标。

2. 国内课程评价的发展现状

国内关于研学旅行课程的评价一般有以下几类。

1) 研学基地的准入评价——课程。

基地要充分衔接和体现国家课程、地方课程和校本课程的要求,建立健全社会实践教育课程体系,明确实践活动教育的目标任务和内容要求,根据学生的年龄特点、心理特点和成长规律,制订社会实践教育活动方案,满足学生社会实践教育活动的需要。

准入评价主要包括课程开发和商务评审两个方面。

(1) 课程开发项共80分,包括课程特色与设计和课程实施与保障,各40分,由学校研学旅行课程专项工作小组、学术委员代表、家长代表、学生代表、上级及社会专业人士代表组成评委组,根据评分标准,现场打分填写评标记分表。

课程特色与设计由基地提前进行设计,主要评比内容如下。

①课程目标:切合小学生特点,契合育人目标,基于学科(课程标准、教材)。

②课程特色:有一个课程的完整设计方案,具有创新性、独特性。

③课程设计:有教育性、童趣性和可操作性,现场展示清晰、效果好。

④课程影响:有意识、有能力、有效率地进行课程总结梳理和不同形式的传播,形成成果,具有一定范围内的口碑。

课程实施与保障,由基地介绍,并提供相关佐证材料,主要评比内容如下。

①课程研发:有固定的课程开发团队,具有较高水平的研发能力。

②教师队伍:有稳定的、充足的、较高素质的教师团队来实施课程。

③实践场所:有实践基地或战略性合作伙伴。

④课程评价:有全程实施的评价办法,关注到个体与集体。

⑤安全保障:有安全意识及有各种情况相应应急处理措施和机制,有正规的用车渠道,有保险购买等。

(2) 商务评审为20分,包括招标书规范、基地资质、材料真实性等。

研学旅行评价表格如表 3-2 所示。

表 3-2 研学旅行评价表格

序号	课程特色与设计(40分)		课程实施与保障(40分)		商务评审 (20分)	总分	
	先入等	再评分	先入等	再评分		分数	排序
1							
2							
3							
4							
5							
6							
7							

序号	课程特色与设计(40分)		课程实施与保障(40分)		商务评审(20分)	总分	
	先入等	再评分	先入等	再评分		分数	排序
8							
9							

注:1. 各项40分。其中:A等(35～40分)、B等(30～34分)、C等(<30分)。
2. 先填"先入等""再评分",最后填"总分"和各项目。

课程招标机制运行几年来,学校逐渐把全市各社会研学基地分门别类、分学生年段需求编制形成了成体系的资源库,建立了一套相应的管理、合作、评价机制。

2) 课程实施的效果评价——双向互评表。

通过课程评价诊断研学课程的目标、内容和实施是否实现了教育目的,实现的程度如何,评价学生、老师、管理、实施团队的现场状态,以判定课程的效果,并据此作出改进课程和实践基地的决策。

研学旅行课程评估形成了双向互评的评价机制。一方面,是学校管理人员、教师、学生对研学基地的评价,包括课程内容、实施情况、现场执行的能力、安全措施及用餐服务等,评价结果将作为研学基地是否继续合作的决策依据;另一方面,是研学基地对学校管理人员、教师、学生的评价,包括组织管理、安全意识、教师参与、学生礼仪、有效沟通、实施效果等,结果纳入校内评价。

研学旅行课程实施评价表如表3-3、表3-4所示。

表3-3 研学旅行课程实施评价表A(学校管理人员/教师/学生对研学基地的评价)

集团校管理人员/教师/学生:

年级/班级	主题	研学基地	实施时间	评价					总评及建议
				课程内容	课程实施	教师团队	安全措施	用餐服务	

注:评价分为4个等级,直接打分:90分以上,80～89分,70～79分,70分以下。

表3-4 研学旅行课程实施评价表B(研学基地对学校管理人员/教师/学生的评价)

研学基地:

年级/班级	主题	实施时间	评价						总评及建议
			组织管理	安全意识	教师参与	学生礼仪	有效沟通	实施效果	

注:评价分为4个等级,直接打分:90分以上,80～89分,70～79分,70分以下。

双向评价使学校与研学基地建立了良好的互动,关注到了研学课程从设计到实施的各环节,关注到了不同维度的人。过程中评价,当场反馈,有问题寻找原因并及时改进。

总结性评价反映了课程实施的整体效果和水平,为课程的丰富完善和相应的政策决策提供了依据。

研学旅行课程的校本设计与实施,是以课程团队的建设和校内外课程资源的协同为支点,以学校的教育理念、教育目标为引领,以原有课程体系和实践经验为基础,进行系统思考、顶层设计、优化整合,明确研学旅行的目标原则,确定研学旅行的活动主题,构建研学旅行的课程框架,细化课程活动的具体方法,最后形成课程体系的特色品牌。这种由内而外的、生成式的设计过程,丰富和完善了原来学校课程结构,凸显学校课程的整体性和综合性,形成了一套完整的运行机制,促进了学生核心素养的发展和学校课程建设的增长点。

第二节　研学旅行课程实施

研学旅行作为教育与旅游结合的新业态,承担着我国青少年教育初期的大任,研学基地、研学导师这两大方面承担着研学旅行课程能否顺利实施的重任,本节将从这两个方面来进行简单论述。

(一) 研学基地

研学旅行,教育是目的,旅行是手段,基地是载体。中国旅行社协会与高校毕业生就业协会联合发布《研学旅行基地(营地)设施与服务规范》将研学旅行基地(营地)界定为:自身或周边拥有良好的餐饮住宿条件、必备的配套设施,具有独特的研学旅行资源、专业的运营团队、科学的管理制度及完善的安全保障措施,能够为研学旅行过程中的学生提供良好的学习、实践、生活等活动的场所。《研学旅行基地(营地)设施与服务规范》见附录A。

1. 研学基地的分类

(1) 国内研学基地按照地域可分为七类,即华东、华南、华中、华北、西北、西南、东北。

①华东地区:如钱学森图书馆、南昌八一起义纪念馆、上海地震科普馆、中国科学院上海生命科学研究院植物生理生态研究所、上海市质量监督检验技术研究院、黄山风景区、沙家浜风景区、江苏省妇女儿童活动中心、嘉兴南湖革命纪念馆、全国青少年井冈山革命传统教育基地、周恩来纪念馆、中国海军博物馆、中国北极阁气象博物馆、中国水产科学研究院东海水产研究所等。

②华南地区:如桂林植物园、广西弄岗国家级自然保护区、广西药用植物园、桂林理工大学地质博物馆、南宁昆仑关战役遗址、文昌航天主题乐园(航天科普中心)、凭祥友谊关、百色起义纪念园、广东科学中心、广东韶关丹霞山国家级自然保护区、广西崇左白头叶猴国家级自然保护区、广西民族博物馆、宁明县花山岩画、中国(海南)南海博物馆等。

③华中地区:如"中共洛阳组"诞生地纪念馆、南水北调中线干线河南省郑州市温县孤柏嘴穿黄工程、兰考焦裕禄纪念园、水利部丹江口水利枢纽管理局丹江口工程展览馆、三峡大坝旅游区、武钢工业文化区、中国航天三江集团有限公司等。

④华北地区:如中国地质调查局国土资源实物地质资料中心、天津博物馆、北京天文馆、故宫博物院、中国空间技术研究院天津基地(管理委员会)、呼和浩特市赛罕区青少年

素质教育活动基地、国家地震紧急救援训练基地、河北西柏坡中央社会部旧址暨国家安全教育馆、临汾市黄河壶口瀑布风景名胜区、平遥古城、内蒙古红山玉龙沙湖国际生态文化旅游区、南水北调中线干线北京市房山区大石窝镇惠南庄泵站、北京国家地球观象台、中华航天博物馆、中国人民抗日战争纪念馆、中国人民革命军事博物馆、中国科学技术馆、中国检验检疫科学研究院、中国妇女儿童博物馆、水利部节水灌溉示范基地、全国农业展览馆、平津战役纪念馆等。

⑤西北地区：如甘肃省博物馆、永昌县青少年活动中心、宁夏博物馆、宁夏水洞沟旅游景区、会宁县青少年学生校外活动中心、宁夏固原博物馆、民勤防沙治沙纪念馆、青海省格尔木市青少年活动中心、吐鲁番博物馆、西安半坡博物馆、新疆儿童发展中心等。

⑥西南地区：如马龙区青少年学生校外活动管理中心、丽江市古城区青少年学生校外活动中心、北川三秒应急安全体验中心、重庆三峡移民纪念馆、第二课堂·金佛山科学营地、拉萨布达拉宫历史建筑群、攀枝花中国三线建设博物馆、西藏自然科学博物馆、中国科学院西双版纳热带植物园等。

⑦东北地区：如辽宁朝阳鸟化石国家地质公园、吉林省妇女儿童活动中心、辽沈战役纪念馆、大连海事大学、抚顺市雷锋纪念馆、国家医学媒介生物监测检测重点实验室（辽宁）、中国人民解放军军事工程学院纪念馆、吉林省自然博物馆、沈阳"九·一八"历史博物馆等。

（2）按照基地资源的属性，可将地方性地理研学旅行基地分为六类，即自然景区、文化遗产、综合实践基地、农业基地、工业区和大专院校和科研院所。

①自然景区：指国家公园、自然公园内供游览欣赏的天然风景区，如山岳、湖泊、河流、海滨、森林、石林、溶洞、瀑布等。洛阳地域面积广，山地、平原、河流众多，自然景观丰富，地处我国南北地区分界线附近，景色兼具南北方特色，适合地理研学旅行。如洛阳的黄河小浪底风景旅游区、龙潭峡、白云山、鸡冠洞风景区等都是天然的地理研学旅行场所。

②文化遗产：不可移动的物质文化遗产，包括古遗址、古建筑、石窟寺、石刻、壁画、近代和现代重要史迹及代表性建筑等不可移文物，以及在建筑式样或与环境景色结合方面具有突出价值的历史文化名城（街区、村镇），如龙门石窟、平遥古城等。

③综合实践基地：青少年校外实践基地。为了中小学生更好地开展校外综合实践培训，我国一些省市如江苏、山东、重庆等，建立了综合性的青少年校外实践基地，实践基地一般设有各种拓展项目，以锻炼学生的综合能力，还有学科知识相关的体验项目，以激发学生的科学探索精神。

④农业基地：可用于中小学生素质教育和农业实践的区域性农产品基地。农业基地一般具有旅游、农业科技示范、中小学生农业实践三大功能。如天目湖四季春农业生态园、广垦（茂名）国家热带农业公园等。

⑤工业区：包括传统工业区和新兴工业区。2018年全国中小学生研学实践教育项目评议结果公示，拟命名377个单位为"全国中小学生研学实践教育基地"，26个单位为"全国中小学生研学实践教育营地"。

⑥大专院校和科研院所：中学生到大专院校和科研院所走走看看，听听讲座，亲身体会高校的学习氛围和科研氛围，了解校园历史文化底蕴，不仅对其以后的学习有一定的

激励作用,而且对促进其形成正确的世界观、人生观、价值观,培养他们成为德、智、体、美、劳全面发展的社会主义建设者和接班人也具有重要意义。

2. 研学基地设施与服务规范原则

(1) 教育性原则。

研学基地应结合学生身心特点、接受能力和实际需要,注重系统性、知识性、科学性和趣味性,为学生全面发展提供良好的成长空间。

(2) 实践性原则。

研学基地应因地制宜,呈现地域特色,引导学生走出校园,在与日常生活不同的环境中开阔视野、丰富知识、了解社会、亲近自然、参与体验。

(3) 安全性原则。

研学基地应始终坚持安全第一,配备安全保障设施,建立安全保障机制,明确安全保障责任,落实安全保障措施,确保学生的安全。研学基地应远离地质灾害和其他危险区域,有完整的针对研学旅行的接待方案和安全应急预案。

(4) 公益性原则。

研学基地应把谋求社会效益放在首位,应对经当地相关主管部门核准为贫困家庭的学生减免费用。

3. 研学基地的规划与运营要点

(1) 规划原则:教育为本,安全第一。

研学基地的规划设计不能按照传统的景区(点)的规划方式操作,而应从青少年的研学需求出发,在功能分区、项目布局、产品设计、游线组织等方面突出寓教于乐的教育功能。此外,青少年具有活泼好动、好奇心强、富于冒险精神等特点,研学活动需要深入田间、山林、工厂等地开展,更需在进行基地规划时充分考虑安全防护问题。

(2) 产品体系:明确目标,分层分级。

研学旅行基地的规划建设,应充分调研本地资源,遴选适宜开展研学旅行的场所,不宜遍地开花。首先,明确本地区接待研学对象的层次是小学阶段、初中阶段还是高中阶段学生,以此确定基地主题;其次,明确每一阶段研学的主要内容,即小学阶段以乡土乡情研学为主,初中阶段以县情市情研学为主,高中阶段以省情国情研学为主,依此规划设计研学产品,丰富研学项目。

(3) 管理运营:政府主导,社会参与。

研学旅行的教育属性,决定了研学基地的运营管理不能全盘市场化和过度商业化。强力的政策引导与合理的财政补贴是研学旅行基地运营管理的基本保障。各级地方政府宜建立由教育、旅游、民政等有关部门协作推进的研学旅行主管机构和机制,统筹管理本片区内的研学基地,并积极引入社会力量参与研学产品的运营,快速推动研学旅行产品的发展。

此外,研学旅行需要深入当地考察,让青少年开阔眼界,了解乡土乡情、县情市情、省情国情,单纯的课堂教育和理论教育均不能满足需求。当地农民、工人、学者最了解本土文化,聘请他们作为研学导师对实现研学旅行功能较有裨益。

4. 全国研学旅行示范基地

2016年1月,国家旅游局(现变更为中华人民共和国文化和旅游部)下发的《国家旅游局关于公布首批"中国研学旅游目的地"和"全国研学旅游示范基地"的通知》指出,为深入贯彻《国务院关于促进旅游业改革发展的若干意见》(国发〔2014〕31号)和《国务院办公厅关于进一步促进旅游投资和消费的若干意见》(国办发〔2015〕62号)精神,充分发挥研学旅游在满足人民群众尤其是青少年群体了解基本国情(省情、市情、县情等)、增长见识、陶冶情操等方面的作用,国家旅游局在全国组织开展了"中国研学旅游目的地"和"全国研学旅游示范基地"品牌认定活动。

各省(区、市)旅游部门高度重视,积极行动,根据认定工作总体部署,对照申报条件,推荐了一批内容丰富、特色明显、服务良好的参选单位。经过资料审核、初选、专家审核认定等程序,国家旅游局决定授予北京市海淀区、浙江省绍兴市、安徽省黄山市、江西省井冈山市、山东省曲阜市、河南省安阳市、湖北省神农架林区、广西壮族自治区桂林市、四川省绵阳市、甘肃省敦煌市10个地区为"中国研学旅游目的地"称号,授予北京市中国人民抗日战争纪念馆等20家单位为"全国研学旅游示范基地"称号(表3-5)。

表3-5 全国研学旅游示范基地

编号	所在地区	名称
1	北京	卢沟桥中国人民抗日战争纪念馆
2	天津	天津滨海航母主题公园
3	河北	西柏坡纪念馆
4	山西	中国煤炭博物馆
5	内蒙古	内蒙古克什克腾世界地质公园
6	吉林	长影旧址博物馆
7	上海	上海科技馆
8	江苏	侵华日军南京大屠杀遇难同胞纪念馆
9	浙江	三味书屋
10	安徽	中国宣纸文化园
11	山东	三孔景区
12	河南	红旗渠景区
13	湖北	宜昌市三峡工程旅游区
14	广西	龙脊梯田
15	重庆	红岩景区
16	四川	都江堰风景区
17	云南	中国科学院西双版纳热带植物园
18	陕西	陕西历史博物馆
19	甘肃	酒泉卫星发射中心
20	宁夏	贺兰山岩画遗址公园

研学旅游品牌的创立,有利于促进旅游与研学的深度结合,创新多元化的旅游发展

模式。各研学旅游目的地和示范基地要进一步挖掘研学旅游资源,深化打造主题品牌,扩大对青少年人群的政策优惠,加强接待配套设施建设,切实提高管理服务水平和安全保障,不断提升研学旅游的综合吸引力和品牌认知度。各级旅游部门要充分发挥对研学旅游目的地和示范基地的指导作用,加大在政策、资金、项目、人才培训、宣传推广等方面的支持力度,将研学旅游培育成为各地旅游发展创新的增长点。

5. 研学旅行示范基地建设研究

在探索研学实践教育基地建设的过程中,应明确认识到研学旅行实践教育活动的开展需要相应的活动场所和教育基地作为支撑。因此,可以将现有的青少年活动场所、爱国主义教育基地、革命历史类纪念设施遗址、文物保护单位、科技馆、生态保护区、特色小站、示范性农业基地、高等院校、知名企业等作为研学实践教育基地建设的基础,并从基础条件的设置、研学内容的选择、组织保障的落实和安全保障作用的发挥入手制订科学的建设方案,切实提高研学实践教育基地建设效果,为研学旅行教育实践活动的优化开展提供坚实的保障。

（1）对基础条件进行完善。

在研学实践教育基地建设工作中,基础条件的建设和完善是提高基地建设效果的前提,只有结合实际情况、按照具体的工作需求对基础条件进行完善,为研学实践教育基地的建设提供有效的支撑,才能维护各项研学旅行实践教育活动的稳定运行,促进研学旅行实践教育作用的系统发挥。

首先是基地规模方面。相关单位要想申请成为研学旅行实践活动的基地,要达到相应的标准,如要求申报场所是两年内成立的并且能正常运行,与中小学生开展研学活动的需求相适应,就是优质的资源单位;基地每期研学活动可以同时容纳200名以上的学生参与教育学习;基地在接纳中小学生参与研学旅行实践活动时可以为学生提供学习、体验、修整的场地,并且基地的功能齐全合理,可以为各项实践教育活动的开展提供相应的保障。

其次是基地设施设备方面。基地设施设备也是基地建设方面需要重点关注的问题,要想维护研学实践教育基地的正常运行,就要保证设施设备的完善性,即要配备相应的教育实践活动器材和工具等,并且各项器材和工具可以正常使用;基地室内外要安装先进的录像和监控设备,能对学生参与研学活动的情况实施全方位监控,并且将影像资料保存;基地要设置医务室,或者在限定范围内设有定点卫生室;基地周边如果存在危险地带,要设置安全防护设施,并且要有醒目易懂的安全警示标识,确保设施设备准备到位,支持研学实践教育基地建设工作的稳定开展。

再次是周边资源方面。基地建设过程中,不仅要对自身教育资源进行开发和建设,还要对周边优秀的传统文化资源、红色教育资源、爱国教育资源、自然生态教育资源等进行挖掘,增强资源的丰富性,确保能使学生参与不同类型研学旅行实践教育活动的需求得到满足。

最后是运行环境方面。在建设研学实践教育基地的过程中,要尽量保障基地交通相对较为便利,安全性能良好,基地附近15公里的范围内必须有医院,确保在出现紧急情况后能保障师生群体的安全。此外,为了确保基地的良好运行,提供餐饮服务的基地要具备餐饮服务许可证、健康证等,真正为参与研学旅行实践教育活动的师生创造良好的学习和生活条件。

(2) 明确研学具体内容。

对研学具体内容进行明确属于研学实践教育基地软件建设方面的内容,只有保障研学内容的明确性,才能结合实际情况对实践教育活动加以优化,提高教育活动的指导效果。在具体工作中,对研学具体内容的明确可以从三个方面入手进行研究。

①课程设置。

课程设置是研学旅行工作中对教育效果影响最为明显的因素,在探索研学实践教育基地建设时,要对课程设置进行分析,制订科学的课程设置方案。首先,要注意结合研学实践教育的实际需求对中小学不同阶段课程加以研究,将研学课程与学校课程有机地联系在一起,设置鲜明的主题,辅助学校教育工作的开展。其次,结合具体的基地课程设计和规划,要设计完善的课程体系,形成课程教学的合力,增强课程体系建设的规范性。最后,在课程设计和规划的过程中,要统筹分析教学、实践和体验活动之间的联系,增强课程内容的教育性和实践性,在组织开展研学实践教育的过程中可以为学生提供积极有效的指导。

②研学线路。

研学线路的确定会对研学教育活动的开展产生直接的影响,所以在探索研学实践教育基地建设的过程中,对研学内容的明确要将研学线路设计作为重要的内容进行具体分析和研究。一方面,在建设基地的工作中,要尝试开发能够适合不同阶段学生学习的研学线路,对研学工作的目标进行明确,提出研学线路的实践教育功用;另一方面,要对各类型青少年校外教育实践活动的特点进行分析,结合学生的成长需求和学习需求,明确研学实践教育路线,增强线路的针对性和可操作性,确保可以辅助开展研学实践教育活动,为研学旅行实践教育活动的开展创造条件。

③质量评估。

在结合研学实践教育基地建设需求对研学具体内容进行明确的过程中,要将质量评估工作作为重点,在全面分析具体情况的基础上,针对研学旅行实践教育活动效果开展测评工作,确保能够真实了解学生的知识技能掌握情况,对学生在研学旅行实践教育活动中的表现加以评价,指导学生进行深入、系统的探究。在具体开展实践教育效果测度的过程中,可以从不同的板块入手进行考查,设置相应的评价标准,如在优秀传统文化板块,要考查学生对优秀传统文化的理解和掌握情况、中华传统美德培育情况、文化自信情况等;在国情教育板块,要重点考查学生对基本国情的了解情况、学生对中国特色社会主义建设成就的认识情况,以及学生爱国情怀的培养情况等。在开展实践教育评价效果测度工作的基础上,为了增强质量评估工作的客观性和有效性,要结合学生评价、家长评价和学校评价进行评估,明确研学内容建设的情况,为研学旅行实践活动的开展提供有力支持。

(3) 全面推进组织保障建设。

在对研学实践教育基地建设进行研究的过程中,将组织保障建设作为重点从多角度加以解析,能够落实组织保障工作,全面系统地提高研学实践教育基地建设实际效果,为基地作用的发挥创造良好的条件。所以新时期要结合实际情况,对研学实践教育基地组织保障建设工作进行研究,结合发展规划、师资力量、组织管理、经费投入等工作提出合理化建议,增强研学实践教育基地建设的规范性和高效性。

①发展规划。

对研学实践教育基地建设过程中组织保障建设方面的发展规划进行分析,使基地建设达到开展研学实践活动的标准,积极开展基地发展规划编制工作,对研学教学计划内容、研学线路、课程体系、组织保障体系等情况进行分析,使发展规划具有较强的可操作价值。同时,基地建设实践中要对本地区范围内中小学研学实践活动的计划、安排等进行组织和落实,增强基地建设的有效性。在此基础上,要通过合理的规划和安排确保基地每年能接受 1.5 万左右的学生参与研学旅行实践活动。

②师资力量。

在建设师资力量的实践探索活动中,基地一方面要积极加强对人才的引入和聘用,配齐能满足中小学研学旅行实践教学活动指导需求的专业教育讲解人员和辅导人员,对研学旅行实践教育教学活动的开展提供相应的指导。在人才引进和聘用过程中,要确保人才具备职业资格和较强的教育教学能力,能高质量地为研学旅行实践活动提供服务,提高工作发展成效。另外,在加强人才引进和人才供给的基础上,为了加强师资力量,还要定期组织教育和培训活动,使人员研学实践教育活动的能力得到全面的提高。在此过程中,可以在对教师群体实施教育培训的基础上,构建专兼结合的教师队伍,更好地提高教育组织规划工作的效果,使研学旅行实践教育活动的作用得到充分彰显。

③组织管理。

在结合研学实践教育基地建设现实需求对组织管理工作进行优化创新的实践探索活动中,要从多角度制订管理方案,促进组织效能的发挥。

其一,要建立健全基地内部组织管理机构,在完善的机构体系的作用下分工明确、职责明确地开展各项研学实践教育指导和管理活动,全方位把握研学实践教育的基本情况。

其二,要健全和完善基地管理制度,从教学、行政管理、学生管理及安全管理等角度对制度体系进行建设和丰富,使制度保障作用得到有效的发挥。

其三,要加强研学实践教育基地与学校的合作,使学生参与到基地建设活动中,按照对学生实施研学实践教育指导的现实需求,对基地建设方案和组织管理规划方案加以调整,提高基地建设效果和运行的稳定性。

其四,结合中小学研学实践教育活动设置相应的活动档案,在档案中反馈学生接受实践教育指导的情况,综合考虑学生的意见和建议并对各项工作进行优化创新,在不断改进的基础上提高工作效果。

其五,要进一步加强对投诉处理的重视,并规范投诉处理行为,将投诉处理的结果完整妥善地在档案管理体系中记录下来,综合处理投诉情况并对各项工作加以调整,发挥出组织管理的重要作用,为研学实践教育基地的建设提供组织管理保障。

④经费投入。

为了促进研学实践教育基地建设,基地建设涉及的相关主管部门要结合实际情况和基地建设的现实需求加大投入,将经费管理纳入年度预算工作中,增强经费投入和支出的稳定性。同时,要进一步加强对年度预算工作的重视,优化绩效管理工作,在预算管理、绩效管理、财务控制及内部控制的共同作用下实现对投入经费的合理利用,最大限度地提高经费利用率,保障基地建设效果。在此基础上,为了在基地建设方面提供充足的资金支持,还要鼓励和引导社会力量积极参与到基地的建设和运营实践中,全面提高基地建设工作的综合效果。

(4)构建完善安全保障体系。

在探索研学实践教育基地建设的过程中,安全保障体系的建设和完善能够为基地各项工作的开展和基地的稳定运行提供有效的支持,也能保障参与研学旅行教师和学生群体的安全。为了维护研学旅行实践教育活动的稳定推进,要注意从多角度对安全保障体系的建设进行分析,提出合理化的建设建议。

①制度保障。

制度保障的建设要结合研学实践教育活动的具体情况加以推进,增强制度的规范性,在制度的约束下保障各项工作实现安全稳定运行的目标。首先,要结合研学实践教育制度建设各个方面的工作对安全责任分工管理制度进行完善,使师生的教学安全、实践安全、生活安全、出行安全、食宿安全等都能得到制度保障,同时在安全责任制度的规范下,在开展各项工作的过程中也能实现明确安全责任分工的目标,在促进研学实践教育基地规范化建设方面发挥有效促进作用。其次,对应急预案制度进行完善,确保对研学实践教育基地中各项工作和相关实践活动的安全问题进行分析,制订相应的安全应急预案,并向上级主管部门报告和备案,确保在出现紧急情况后,能得到及时有效的处理,保障基地安全。再次,构建联系沟通反馈工作机制,在探索研学实践教育基地安全保障工作的过程中,加强与教育部门、公安部门、交通部门、财政部门、发展和改革委员会、市场监督管理部门、文化和旅游部门及共青团部门等的联系,在多部门的积极支持和配合下共同维护研学实践教育基地的安全,有效促进研学实践教育基地各项教育实践活动的稳定开展。最后,构建紧急救援体系,确保在基地开展实践活动的过程中遇到突发情况能够得到紧急救援,保障师生群体的人身安全。如此,在完善制度保障的作用下,就能在基地建设方面为基地的稳定运行提供支持,提高基地建设效果,促进研学实践教育活动的优化开展。

②人员保障。

人员保障是安全保障方面的重要内容,在探索研学实践教育基地安全保障体系的过程中,要加强对人员保障的重视,有效地促进人员保障作用的发挥,进而维护基地建设方面各项工作的有序推进。首先,研学实践教育基地内部要设置相应的安全保障工作组织,聘用高素质安保人员,在专门组织机构的支持下,对基地安全加以维护,提高人员保障工作成效。其次,在落实人员保障的过程中,要结合基地的基本发展情况,在研学实践教育基地内部适当地组织并开展安全教育工作和突发事件演练工作,使工作人员应对突发安全问题的能力得到明显的增强,提高人员保障工作的效果。最后,要注意配备专门的医疗救护服务人员,特别是针对不同类型的研学旅行实践教育活动,要在专职医护人员的辅助下准备相应的药品、急救箱,以便于在实践活动中能及时有效地开展救护服务,避免安全问题影响研学实践教育活动效果,凸显研学实践教育基地建设实效。

③设施保障。

在全面推进研学实践教育基地建设的过程中,设施保障是重要的工作内容之一,设施保障工作的开展对安全保障工作的深入推进产生着至关重要的影响。在加强基地安全保障体系建设的活动中,结合设施保障工作的基本情况,一方面要落实基础设施建设,保障基地内部基础设施齐全完备,并且通过定期检查确保各项设施能够良好运行。同时,在设施建设方面,要结合研学实践教育基地实际情况设置相应的安全警告和安全标识等,让参与实践教育活动的师生能够在醒目的位置看到安全指示,增强他们的安全意识。另一方面,要对安全说明或者安全指示的内容进行调整,使内容与师生群体的实际情况相适应,为研学旅行实践教育活动的优化创新奠定基础。

研学实践教育是新时期提出的重教育思想,在全面推进教育改革的过程中,加强对研学实践教育的重视,并积极探索研学实践教育基地的构建,能够促进研学旅行教育实践活动作用的发挥,提高学生的综合素质,为学生的全面发展创造良好环境。因此,新时期要结合本地区实际情况,从多角度积极探索研学实践教育基地的建设,有效促进研学实践教育基地作用的发挥,支持研学旅行实践教育活动的开展,为学生综合实践能力、创新能力的培养创造良好的条件,力求将学生打造成为全面发展的高素质人才。

(二)研学导师

研学导师的工作内容是什么,是如何产生的?市场对这类人才的需求如何?有人认为,研学导师的"导"指的就是导游,研学导师有点像老师加导游的一个组合,是教育与旅游的结合。也有人认为,研学导师是指在研学旅行过程中,具体制订和实施研学旅行教育方案、指导学生开展各类体验活动的专业人员。还有人认为,研学导师是有相当的知识和智慧的人。

与传统的大众旅游不同,研学旅行的服务对象是中小学生,研学旅行的主要目的是教育,所以对于服务的要求也有所不同。从业者认为,研学旅行过程中需要开展许多活动,而这些活动的落地实施导游并不一定能完成。例如,夏令营会举行开营活动,开展文明教育及团队组建、总结晚会等,这些活动的策划由旅行社的研发部门来完成。而活动的落实,像活动场地、与景区的协调、活动细节安排等都需要由专人来完成,这个人就是研学导师。

研学导师除具备一定的活动组织能力及执行能力以外,还必须具备导游的素质,有时还要担任活动讲解、活动主持等任务。在美国,很多博士在假期都会前往国家公园担任义务讲解者,利用自身的知识优势为游客进行科普讲解,这种方式如果在我国也能得到普及,将有利于研学旅行市场的导师人才扩充。

1. 研学导师的基本要求

随着研学旅行的不断发展,对于研学基地的导师而言,不仅仅要求他们从导游向研学导师转型,同时也要求他们具有更强的专业能力和责任意识。

《研学旅行服务规范》对导游讲解服务提出了明确的要求:

①应将安全知识、文明礼仪作为导游讲解服务的重要内容,随时提醒引导学生安全旅游、文明旅游。

②应结合教育服务要求,提供有针对性、互动性、趣味性、启发性和引导性的讲解服务。

从这些要求可以看出,将导游人员培养成为研学导师需要对他们开展针对性培训。这种培训的内容不是"蜻蜓点水"般停留在常规的导游服务上,而是需要将教育学、心理学等教学知识纳入人才培养体系中,从而培养出一批不仅能承担导游职责,更能肩负起教育引导责任的高素质人才。随着研学旅行相关工作人员队伍的壮大,作为研学导师的队伍水平也应该得到提升。同时,研学旅行导师队伍建设的加强也将带动其余类型旅游导游队伍的建设,旅游行业导游人员平均素质低的"顽疾"也将被逐步"消除",其具体要求如下。

(1) 对待学生,要有正确的定位。

研学导师要帮助学生成长,而不是监督或管理者的角色,因此用引导和启发的方式更可取,不需要用成绩来给学生贴标签分等级,只需注重学生自身的成长进步。

(2) 对待教学工作,没有功利心。

当素质教育日渐受到重视,将与升学挂钩时,研学导师应始终专注教学,不能因名利的因素影响工作的初心,始终将"让全中国的孩子都能享受到世界最优质的教育"作为目标。

(3) 先完善自身,再言传身教。

研学旅行过程中,学生容易受到研学导师潜移默化的影响,因此研学导师自身必须树立正确的价值观,养成良好的道德习惯,成为学生的榜样,起到正面的示范作用。

(4) 优秀的教学技能。

研学旅行的课程内容与传统课程相比更加丰富,教学方式也与传统课程的讲授方式不同,而是以学生自主学习为主,导师起到引导和指导作用,实际上,这提高了对教师教学水平的要求。研学导师的教师职业道德最重要的体现就是敬业精神,不断更新自己的教育理念,探究更适合学生的引导方式。

(5) 深厚的教育情怀。

研学旅行是一种符合时代要求的创新教育方式,培养学生综合素质,让学生在更丰富的生活中全面发展、快乐成长,这是时代赋予的责任和使命,需要每一位研学导师做到,关注学生、了解学生、发掘学生的"闪光点",用心去爱每一个学生。

2. 研学导师的任务

研学导师作为研学旅行活动过程中的主要执行者,在整个活动中还需要做些什么呢?

(1) 活动准备阶段。

为学生提供活动主题选择及提出问题的机会,引导学生构思选题,鼓励学生提出感兴趣的问题,并及时捕捉活动中学生动态生成的问题,组织学生就问题展开讨论,确立活动目标内容。要让学生积极参与活动方案的制订过程,通过合理的时间安排、责任分工、实施方法和路径选择,对活动可利用的资源及活动的可行性进行评估等,增强活动的计划性,提高学生的活动规划能力。同时引导学生对活动方案进行组内及组间讨论,吸纳合理化建议,不断优化、完善方案。

(2) 活动实施阶段。

研学导师要创设真实的情境,为学生提供亲身经历与现场体验的机会,让学生经历多样化的活动方式,促进学生积极参与活动过程,在现场考察、设计制作、实验探究、社会服务等活动中发现和解决问题,体验和感受学习与生活之间的联系。要加强对学生活动方式与方法的指导,帮助学生找到适合自己的学习方式和实践方式。研学导师指导重在激励、启迪、点拨、引导,不能对学生的活动过程包办代替。还要指导学生做好活动过程的记录和活动资料的整理工作。

(3) 活动总结阶段。

研学导师要指导学生选择合适的结果呈现方式,鼓励多种形式的结果呈现与交流,如绘画、摄影、戏剧与表演等,对活动过程和活动结果进行系统梳理和总结,促进学生自我反思与表达、同伴交流与对话。要指导学生学会通过撰写活动报告、反思日志、心得笔记等方式,总结成败得失,提升个体经验,促进知识构建,并根据同伴及研学导师提出的反馈意见和建议查漏补缺,明确下一步的探究方向,深化主题探究和体验。

研学导师作为研学旅行活动计划的制订者与实施者,是一个综合体、全能型的职业。为保证研学旅行的质量,必须制定严格的研学辅导员标准,打造一支高水平的研学辅导员队伍。研学辅导员队伍的建设一定要本着知识化、专业化、系统化的原则,坚决避免低水平、伪知识、浑水摸鱼的乱象出现。唯有这样,研学旅行才可能向好的方向发展,教育才可能沿着它本应的方向前进。

3. 研学导师的核心能力要素

美国华盛顿州出台了《优秀教师行为守则》,共26条,规定了教师面对学生时的基本要求,同时也指出了教师职责的界限。美国的课堂教学采用探究性、学生为主的自主型教学策略,这与当前研学旅行的最佳教学实践有异曲同工之妙。他山之石可以攻玉,根据《优秀教师行为守则》,我们来谈谈国内研学旅行导师的核心能力要素。

(1) 记住学生的姓名。

这一条其实是既简单又非常重要的。每个人对自己的姓名都很关注。记住每个学生的姓名是在一开始就关注每一个学生,能快速消除生疏感,在研学旅行中,要求研学导师与学生快速建立良好的沟通,这是研学教学的基础。

(2) 注意参考以往学校对学生的评语,但不持偏见,且与辅导员联系。

这一条说明美国学校教师对学生的评价是注重历史和过程的,要求切合实际,做到客观公允。不能因为过去的缺点错误,就戴上有色眼镜来看一个人;也不因为过去优秀,就放松了对学生成长过程中出现问题的警惕。在研学旅行过程中不同的研学导师分工合作,在行前准备阶段要了解学生的学龄、身体基本情况等信息,在行中阶段才能心中有数。

(3) 锻炼处理问题的能力,充满信心;热爱学生,真诚相待;富于幽默感,办事公道。

学校对教师的处理问题的能力有具体的要求,教师要有自信,学生才可能有自信。真诚、公正而富有幽默感的研学导师,其实也容易获得学生的好感。研学导师以这样的状态和学生交流可以迅速拉近与学生的距离,便于活动的顺利进行。

(4) 认真备课,别让教学计划束缚手脚。

美国教师对备课的要求比较自由,美国学校不为学生准备教材,只开设课程。所谓的认真备课就是充分发挥自己的创造力,教学计划仅供参考之用。而在研学旅行中,研学导师行前要熟练掌握研学手册的要求,对教学内容、活动开展及突发状况应对处理要做到有备无患。

(5) 合理安排课堂教学,讲课时力求思路清晰、明了,突出教学重点。强调学生理解教师意图,布置作业切勿想当然,且应抄在黑板上。

美国教师讲课时也讲究思路清晰、明了,重点突出,但是同时也非常注意教学的效果,作业是要根据课程内容来认真设置的。研学教学中要以学生为主,采用探究方式,让学生自主学习,不断探寻活动后的意义。

(6)熟悉讲课内容,切勿要求学生掌握所传授的全部内容,并善于研究如何根据学生需要和水平进行课堂教学。

这一条中的"熟悉讲课内容"及"研究如何根据学生需要和水平进行课堂教学"我们是可以理解的,也是很熟悉的。可是,为什么要强调"切勿要求学生掌握所传授的全部内容"?教师把学生的头脑控制得太死,会扼杀学生的创造力与自由想象力。研学旅行过程中也应让学生了解自己的基本学段情况及研学目的,给学生一个"火炬",让他们自己点燃。

(7)教室内应有良好的教学气氛。教师应衣着整洁,上课前应在门口迎候学生,制止他们喧哗嬉闹。

教室里所谓的"良好的教学气氛"既不是我们过去强调的那种"静得连一根针掉在地上都听得见"的课堂气氛,也不是让学生自由地喧哗嬉闹。研学中要让学生释放自己,充分互动,处于一种积极、轻松的学习状态,还是需要一些正面管教的方法,应有效而不失亲和力地制止喧哗打闹。

(8)课前应充分准备,以防意外情况。

课前准备工作很重要,特别是准备好自己要讲授的内容,以及防止可能出现的师生关系冲突。行前要做好有针对性的、全面的安全预案,做到事故发生及时准确处置,有备无患。

(9)严格遵守规章制度。将学校规章张贴于教室内,让学生知道并解释说明。

教师要让学生知道学校的规章制度,并带头遵守。把规章制度公开透明是最重要的。知道是重要的前提,研学导师应将研学活动中的安全防护基本规则清晰明确地告知学生,提高学生在活动中的安全意识,避免出现安全事故。

(10)步调一致。对同一错误行为,采取今天从严、明天应付的态度会导致学生无所适从,厌恶反感。

这里的"步调一致"是指规则的一贯性,过去这个事如何处理的,现在及将来也如何处理。说到做到,言行一致,只要性质一样,其结果也一样,不因人而异。

(11)不使用不能实施的威胁语言,否则将会言而无信。

教师的语言是非常重要的。教师说话要真诚算数,说到做到是最重要的。研学导师要注意语言艺术,可以学会一些现代网络常用词汇,融入学生的话题。

(12)不能因少数学生的错误而责怪全班。

一个班总有学生会违反学校的规章制度,但是一个人做错即让一个人来承担责任。对于个别学生的失当行为,要及时沟通,必要时可以请学校教师处理。不要因为个别学生的失当,影响全组或全班同学的研学活动。

(13)不要发火。

在忍耐不住时可让学生离开教室,待到心平气和后再让他们进来上课。研学导师要与学校带队教师保持沟通,协同处理好研学活动中的突发情况。

(14)在大庭广众下让学生丢脸,并非成功的教育形式。

这一条我们很熟悉,就是要保护学生的自尊心,不能让学生在众人面前感觉没有尊严。研学导师无论如何都不可以让学生丧失学习信心及与人交往的兴趣,可以学习一些心理学知识,处理好与学生的沟通问题。

（15）与学生一起参与活动,并提供奖励。

协助布置教室,充分利用公告栏来传达信息。注意听取学生不同的意见,但应有主见,不随大流。研学导师可以协助学生一起共同布置教室活动,通过这样的活动可以锻炼学生的能力并感受自己与他人的关系,还可以听取学生的意见。研学导师可带些小奖品或徽章、奖状之类的教具,对于活动中表现突出的团队或学生,给予象征性的奖励。

（16）要求学生尊敬教师,教师也需以礼相待。

这一条在中国也很熟悉,可以概括为尊师爱生。尊敬更多是指人格意义上的尊敬,而不是不可以与教师平等探讨问题。教师对学生也要做到彬彬有礼,切忌训斥学生。研学活动不像教室内的教学,组织好学生需要技巧,要让学生了解研学导师教学中威严,做到松弛有度,保障教学顺利开展。

（17）不要与学生过分亲热,但态度应友好。

记住自己的师生关系,而不应过分随便。热爱学生,与学生打成一片,这是我们经常提倡的,但也要构建民主平等的师生关系。研学导师如果能快速并适度地与学生打成一片,在研学中活动开展起来就非常顺畅。

（18）切勿使学习成为精神负担。

"负担过重必定导致肤浅。"这里的负担指的是精神心理上的负担。兴趣是最好的老师,在研学旅行中有非常多的吸引学生兴趣的资源,应充分、合理地利用。一旦学生对学习失去兴趣,教育就意味着失败。有兴趣的学习,是减轻学生身心负担的最好办法。

（19）与家长多沟通,这是对付调皮学生和奖励优秀学生的有效手段。学生家长喜欢与教师保持联系。

家长与教师及时联合教育学生,在美国的社区教育及家庭教育都是起步较早的。研学导师应与学校带队教师、基地服务人员协调好,做好过程管理,保持有效及时的沟通,了解学生状态情况。

（20）在处理学生问题上如有偏差,应敢于承认错误。

有错就改而不是掩盖它。这首先是对教师的一种职业道德要求。人在成长过程中,在错误中学习到的比在成功中学习到的要多。如果在研学教学活动中犯错,要懂得及时、有效的沟通,让学生在错误中吸取经验,避免下次犯错。

（21）避免与学生公开争论,应个别交换意见。

在美国允许学生与教师之间有不同意见。因为这是鼓励并培养学生想象力与创造力的重要保证。研学导师与学生如果有不同意见可以在私下交流,遇到冲突时不要在言语或行动上做伤害学生自尊心的事,有些事情要学会冷处理。一来保护学生的自尊心与求知欲,二来也不会因为争论妨碍其他学生的正常学习。

（22）与学生广泛接触,互相交谈。

与第一条"记住每个学生的名字"相呼应,广泛接触与交谈是了解学生最好的途径,同时也是一种最好的教育方式。因为在与学生接触与交谈的过程中,智慧的火花最容易迸发出来。在接触和交流中,偶尔设计一些仪式感的活动,让团队得到情感的升华。

（23）避免过问或了解学生中的每个细节。

一方面要求教师与学生广泛接触与交谈,以此达到了解与激发学生学习兴趣的目的,另一方面又要求"避免过问或了解学生的每个细节"。在研学活动中要抓大放小,不要因纠结与过分关注细枝末节而影响了整个教学过程。

(24)应保持精神抖擞,研学导师任何举止都会影响学生。

研学导师最美好的形象是充满生命活力,只有充满生命活力才可能让学生感受到生命的快乐与意义。

(25)多动脑筋,少用武力。

对于处理学生关系,要多动用智慧。在欧美国家对犯错误的学生有一个办法,就是请他到专门设置的"反省室"里反省。反省带有惩罚的成分。学生毕竟是成长中的人,武力对待是绝对不可取的,学习正面管教知识才能处理好教学中的矛盾冲突。

(26)处理学生问题时,应与行政部门保持联系,会得到他们的帮助。

研学导师面对学生问题时并不是孤立的,自己能够解决当然自己解决,但是当自己解决不了时,就要及时交给其他部门去处理,与学校方、研学基地服务人员及餐饮住宿、交通等各方面人员建立快速及时的沟通渠道,协调组织好各方资源,保障研学活动的有效开展。

第四章
研学旅行服务与管理

　　研学旅行作为针对中小学生的校外实践教育活动,其安全是重中之重。2016年12月19日国家旅游局发布《研学旅行服务规范》(LB/T 054-2016),对研学旅行中服务内容作出了明确规定,一方面是为了规范研学旅行的服务流程,避免各自为政的局面;另一方面也是希望规范的实施能够将研学旅行这一新概念导入正确的发展轨道中。本章将从教育、交通、住宿、餐饮、医疗及教助和安全管理这六方面来谈谈研学旅行的服务与管理。

第一节　教育服务

　　国家旅游局在对《研学旅行服务规范》中对全国中小学研学旅行服务项目中的教育服务提出了明确的要求。
　　承办方和主办方应围绕学校相关教育目标,共同制订研学旅行教育服务计划,明确教育活动目标和内容,针对不同学龄段学生提出相应学时要求,其中每天体验教育课程项目或活动时间应不少于45分钟。
　　教育服务项目可分为以下几种。
　　①健身项目:以培养学生生存能力和适应能力为主要目的的服务项目,如徒步、挑战、露营、拓展、生存与自救训练等。
　　②健手项目:以培养学生自理能力和动手能力为主要目的的服务项目,如综合实践、生活体验训练、内务整理、手工制作等项目。
　　③健脑项目:以培养学生观察能力和学习能力为主要目的的服务项目,如各类参观、游览、讲座、诵读、阅读等。
　　④健心项目:以培养学生的情感能力和践行能力为主要目的的服务项目,如思想品德养成教育活动及团队游戏、情感互动、才艺展示等。
　　研学旅行教育服务流程如下。

①在出行前,学校做好整体策划,并指导学生做好准备工作。如阅读相关书籍、查阅相关资料、制订学习计划等,和家长做好交流与沟通。

②在研学过程中,鼓励学生多思考、多提问、多参与教育活动项目,指导学生撰写研学日记或调查报告。

③在研学结束后,组织学生分享心得体会,如组织征文展示、分享交流会等,同时进行丰富的、多元化的评价。

教育服务设施及教材要求如下。

①研学旅行教育服务应设计不同学龄段学生使用的研学旅行教材,如研学旅行知识读本。

②研学旅行教育服务应根据研学旅行教育服务计划,配备相应的辅助设施,如电脑、多媒体、各类体验教育设施或教具等。

③研学旅行教育服务应由研学导师主导实施,由导游员和带队老师等共同配合完成。应建立教育服务评价机制,对教育服务效果进行评价,持续改进教育服务。

第二节 交 通 服 务

中小学研学旅行是深化基础教育综合改革、推进素质教育的重要举措,国家和各省市出台了一系列研学旅行的配套政策,要求将研学旅行摆在更加重要的位置。对于研学旅行而言,行是前提,是基础。学生的安全是出行的永恒前提,各研学旅行教育服务机构和学校应充分认识交通安全在研学旅行中的重要性,始终把安全放在首位,本着对学生负责、对家长负责、对学校负责、对社会负责的原则,精心选择合法合规、口碑好、服务佳的旅行机构和运输车辆,确保研学旅行在安全的大前提下顺利开展。

据报道,2017年11月13日上午,某县实验小学组织老校区四年级、新校区五年级共310名学生赴外地参加研学旅行活动。下午6时30分许,学生乘坐的6号车下高速时,车辆不慎与交通附属设施发生碰撞,前排玻璃破碎,造成9名学生受轻伤。

安全重于泰山。国家文化和旅游部对全国中小学研学旅行服务项目中的交通服务提出了明确的要求。

应按照以下要求选择交通方式。

①单次路程在400公里以上的,不宜选择汽车,应优先选择铁路、航空等交通方式。

②选择水运交通方式的,水运交通工具应符合GB/T16890的要求,不宜选择木船、划艇、快艇。

③选择汽车客运交通方式的,行驶道路不宜低于省级公路等级,驾驶人连续驾车不得超过2小时,停车休息时间不得少于20分钟。

应提前告知学生及家长相关交通信息,以便其掌握乘坐交通工具的类型、时间、地点及需准备的有关证件。

宜提前与相应交通部门取得工作联系,组织绿色通道或开辟专门的候乘区域。应加强交通服务环节的安全防范,向学生宣讲交通安全知识和紧急疏散要求,组织学生安全有序乘坐交通工具。

应在承运全程随机开展安全巡查工作,并在学生上、下交通工具时清点人数,防范出现滞留或走失。

遭遇恶劣天气时,应认真研判安全风险,及时调整研学旅行行程和交通方式。

第三节 住宿服务

现在的研学活动行程设定一般为五天四夜或者四天三夜。一方面是因为研学旅行活动多在异地,花费时间自然较长;另一方面是为了让学生尽量参观多的景点、参加更多的活动,学习到更多的知识。在这种情况下,住宿是免不了的。然而,在异地如何保证一大群学生的集体住宿安全是个很重要也很难办的问题。

现在住宿一般有以下几种方式。

一是酒店。优点:酒店便于寻找且方便预订操作,住宿条件也尚可。缺点:酒店价格相对较高,并且卫生情况不能完全保障,而且不容易找到能够容纳几十甚至几百个学生的酒店。

二是青年旅社。优点:青年旅社价格便宜且可以容纳多人住宿。缺点:青年旅社住宿条件差且居住人员情况复杂,安全隐患多。

三是民宿。优点:民宿具有当地文化特色或独特之处,能吸引学生进行文化探索,环境优雅。缺点:民宿每户客房较少,大型研学团队无法入住,分散居住不便于管理且大多无安保措施。

四是承接研学活动的营地住宿。俗话说"术业有专攻",一大批专业承办研学活动的公司有专门的住宿营地,具有承接多次研学旅行的经验,制度已经成熟。这些专业公司基地大多为内部活动使用,外人无法进入,有专人管理宿舍,安全有保障。

《研学旅行服务规范》对全国中小学研学旅行服务项目中的住宿服务提出了以下明确的要求。

(1)应以安全、卫生和舒适为基本要求,提前对住宿营地进行实地考察,主要要求如下。

①应便于集中管理。

②应方便承运汽车安全进出、停靠。

③应有健全的公共信息导向标识,并符合 GB/T10001 的要求。

④应有安全逃生通道。

应提前将住宿营地相关信息告知学生和家长,以便做好准备工作。应详细告知学生入住注意事项,宣讲住宿安全知识,带领学生熟悉逃生通道。在学生入住后及时进行首次查房,帮助学生熟悉房间设施,解决相关问题。宜安排男、女生分区(片)住宿,女生片区管理员应为女性。同时制定住宿安全管理制度,开展巡查、夜查工作。

(2)选择在露营地住宿时还应达到以下要求。

①露营地应符合 GB/T31710 的要求。

②应在实地考察的基础上,对露营地进行安全评估,并充分评价露营接待条件、周边环境和可能发生的自然灾害对学生造成的影响。

③应制定露营安全防控专项措施,加强值班、巡查和夜查工作。

第四节 餐饮服务

餐饮服务作为研学旅行活动中举足轻重的一部分,应当给予较高的关注。餐饮的提供不仅要考虑如何平衡研学旅行需要和员工操作的便捷性,如何平衡预算、学生的参与度及维持一些社会规范中认为的"礼节传统",还要关注营养、健康和学生的特殊需要问题。

每次研学旅行活动的不同群体都有着不同的餐饮要求,如何提供最合适的餐饮计划是研学旅行面临的一项挑战。在研学旅行的风险管理中,食物准备的安全和健康规定是非常关键的内容。尤其是在研学旅行高峰时期,餐饮安全隐患较大。

某市第二中学的 39 名学生在乘坐北京西开往重庆西的列车途中,因出现腹泻、呕吐、发烧等症状,被先后送往途径的郑州、恩施当地医院医治。经卫生部门初步诊断为细菌性食物中毒。

此次食物中毒的学生均参加了学校组织的赴京研学团,全团共有师生 392 人。7 月 22 日,众人在外用过午餐后乘车,晚餐为旅行社准备的火腿肠、饼干等方便食品。有学生表示火腿肠有部分发霉,但不确定是否是致病原因。列车上其他旅客均未出现食物中毒的症状。

国家政策在不断强调研学旅行的安全性,《研学旅行服务规范》中有以下明确要求。

餐饮服务应该以食品卫生安全为前提,选择餐饮服务提供方。首先应提前制定就餐座次表,组织学生有序进餐。应督促餐饮服务提供方按照有关规定,做好食品留样工作。在学生用餐时做好巡查工作,确保餐饮服务质量。

当研学旅行活动中有野外烹饪或任何带学生离开餐厅的短途旅行活动时,研学导师或相关责任人必须提前做好计划,按照《餐饮服务食品安全操作规范》进行相应的操作。

(1) 食材的采购。

①选择的供货者应具有相关合法资质。

②特定餐饮服务提供者应建立供货者评价和退出机制,对供货者的食品安全状况等进行评价,将符合食品安全管理要求的列入供货者名录,及时更换不符合要求的供货者。鼓励其他餐饮服务提供者建立供货者评价和退出机制。

③特定餐饮服务提供者应自行或委托第三方机构定期对供货者食品安全状况进行现场评价。

④鼓励建立固定的供货渠道,与固定供货者签订供货协议,明确各自的食品安全责任和义务。鼓励根据每种原料的安全特性、风险高低及预期用途,确定对相应供货者的管控力度。

(2) 食品留样。

①学校(含托幼机构)食堂、养老机构食堂、医疗机构食堂、中央厨房、集体用餐配送单位、建筑工地食堂(供餐人数超过 100 人)和餐饮服务提供者(集体聚餐人数超过 100 人或为重大活动供餐),每餐次的食品成品应留样。其他餐饮服务提供者宜根据供餐对象、供餐人数、食品品种、食品安全控制能力和有关规定,进行食品成品留样。

②应将留样食品按照品种分别盛放于清洗消毒后的专用密闭容器内,在专用冷藏设

备中冷藏存放 48 小时以上。每个品种的留样量应能满足检验检测需要,且不少于 125 克。

③在盛放留样食品的容器上应标注留样食品名称、留样时间(月、日、时),或者标注与留样记录相对应的标识。

④应由专人管理留样食品、记录留样情况,记录内容包括留样食品名称、留样时间(月、日、时)、留样人员等。

(3) 废弃物存放容器与设施。

①食品处理区内可能产生废弃物的区域,应设置废弃物存放容器。废弃物存放容器与食品加工制作容器应有明显的区分标识。

②废弃物存放容器应配有盖子,以免有害微生物侵入、不良气味或污水溢出,防止污染食品、水源、地面、食品接触面(包括接触食品的工作台面、工具、容器、包装材料等)。废弃物存放容器的内壁应光滑,易于清洁。

③在餐饮服务场所外适宜地点,宜设置结构密闭的废弃物临时集中存放设施。

(4) 废弃物处置。

①餐厨废弃物应分类放置、及时清理,不得溢出存放容器。餐厨废弃物的存放容器应及时清洁,必要时进行消毒。

②应索取并留存餐厨废弃物收运者的资质证明复印件(需加盖收运者公章或由收运者签字),并与其签订收运合同,明确各自的食品安全责任和义务。

③应建立餐厨废弃物处置台账,详细记录餐厨废弃物的处置时间、种类、数量、收运者等信息。

第五节　医疗及救助服务

在研学旅行过程中,无论是学校还是家长,都会担心学生在研学过程中出现安全问题,安全始终是要摆在第一位的,《研学旅行服务规范》对全国中小学研学旅行服务项目中的医疗及救助服务提出了明确的要求。

(1) 应提前调研和掌握研学营地周边的医疗及救助资源状况。

(2) 学生生病或受伤,应及时送往医院或急救中心治疗,妥善保管就诊医疗记录。返程后,应将就诊医疗记录复印并转交家长或带队教师。

(3) 宜聘请具有执业资格的医护人员随团提供医疗及救助服务。

其中医疗及救助服务的基本功能包括以下内容。

①整合医护资源:医护服务整合研学旅行的医护资源,为研学旅行提供更健康、安全的环境,可以及时处理出现的健康问题。医护中心的具体工作职责就是明确研学旅行提供的医护服务种类,制订医务人员的工作内容,并对工作人员进行监管,制订医护预算,制订与家长的沟通计划(如何向家长介绍研学旅行的医护服务——介绍什么?怎样介绍?)安排研学旅行医护服务,制订和签署医护方案,确定医务人员的组织架构。这些职责由医护管理人员完成,通常是由研学导师与指导医生共同完成,但是对于规模比较大的研学旅行或者服务有很多特殊需要参与者的研学活动,很多职责也是由具有执业资格的医务人员随团提供医疗或救助服务。

②实施医疗照护：医护服务可以满足学生和教师的个人医疗需要，也对整个研学旅行团队的健康负责。研学旅行医护服务的具体工作职责包括药品管理、健康检查、健康评估、照护、疾病或伤害诊断、检视研学旅行的安全隐患、协助其他工作人员为学生提供安全有益的研学旅行体验、与研学旅行管理人员一起提高研学旅行的医护水平、联络外部医护资源等。这些职责通常由研学旅行医务人员——护士或医生完成。

③应对突发状况：在应对突发状况的过程中，医护中心可以制定、实施并评估研学旅行的应急机制。研学旅行医护服务的具体工作职责包括为研学旅行工作人员制订不同突发状况的应对计划，并且必要时对接外部医务人员，这些职责通常是由研学导师提出，由包括医务人员在内的一组工作人员完成。接受了心肺复苏术和自动除颤仪（CPR/AED）培训，以及具有水上活动或野外活动医疗证书的工作人员也会参与到这些工作中来。

研学旅行需要根据活动的项目、活动时间的长短及所在地方的相关规定来确定是否需要学生提交体检报告或者医生的意见。有的研学旅行活动中涉及极其耗费体力的活动，或有远离学校、市区的长途旅行，且目的地没有急救服务，活动时长可能会有三天、一周或更长，最终由研学导师或研学活动负责人咨询专业的医务和法律人士后确定是否需要学生提交体检报告和医生意见。

如果确定提交体检报告或医务人员意见，活动负责人还要求体检不得超过研学活动开始前六个月，报告必须由具有执业资格的医务人员签字，标明签字日期，写清当前的用药和治疗情况，以及因为身体限制不能参加的研学旅行活动。

健康历史表对所有研学旅行活动都至关重要。健康历史表要包含姓名、电子邮箱、电话号码、紧急联系人地址和详细的健康史信息。学生健康史信息由监护人填写并签字确认，这是学生过去及现在健康状况的有效记录。"有效"指的是记录中所有信息专门为研学旅行活动准备，提供符合活动要求的信息。签字后表明学生监护人认真阅读了表格，并且根据研学旅行活动特点，完整、准确地填写了相关健康信息。如果研学旅行对工作人员有不同的健康史信息要求，工作人员签字确认后表明自己已经提供了对应工作内容的完整、准确的健康信息。

相似地，在学生进行研学旅行活动24小时之内进行身体检查，并做相应的记录，也是研学旅行医护工作很重要的一部分，内容应包括：可观察到的疾病、伤害和传染性的疾病/问题的检查；健康历史表信息确认及更新；用药情况是否有变化、身体状况与体检结果是否有变化、是否有研学旅行活动期间需要特别注意的情况等；研学旅行期间按要求发给学生的药物检查及存放情况等。

第六节 安全管理

对于研学旅行来说，保证学生及教师人身安全是基础，一切都应该建立在安全的基础上。安全保障是前提，《国务院关于促进旅游业改革发展的若干意见》中明确提出研学旅行要按照教育为本、安全第一的原则组织，但由于学生外出安全责任太大、风险太大，而现实中，虽然有相应的保险、事故处理、责任界定及纠纷处理机制，但考虑到社会稳定、舆论影响等诸多因素，在一些校园意外事故的处理中，学校还是承受着巨大的压力和责任,这也让学校组织研学旅行顾虑重重,使研学旅行难以常态化开展。

在这方面,一是必须建立相应的保险机制;二是要建立严密的组织体系,各环节责任到人;三是学校、研学组织机构、学生家长及所涉各部门职责分工、安全责任必须明确。同时,政府及相关部门也要积极协调,建立起完备的安全保障体系和法律援助体系,为学校组织研学旅行保驾护航,切实解除学校的后顾之忧。

其中要求主办方、承办方及供应方应针对研学旅行活动,分别制定安全管理制度,构建完善、有效的安全防控机制。明确安全管理责任人员及其工作职责,在研学旅行活动过程中安排安全管理人员随团开展安全管理工作。还要准备地震、火灾、食品卫生、治安事件、设施设备突发故障等在内的各项突发事件应急预案,并定期组织演练。

对工作人员与学生,需要提前进行安全教育,提供安全防控教育知识读本,召开行前说明会。在旅行过程中教师要严格监督学生服从领导、遵守规则。只有每一个参与者都意识到自身承担的安全责任,才能将风险降到最低,同时也保证在危险发生时将损失降到最低。

研学旅行的安全服务体系为涉及单位多、关联业态多、参与人数多、服务环节多、涉及安全内容多、安全风险点多、安全管控难度大的一项系统工程。安全服务单位涉及政府、学校、机构和研学目的地等多个部门,安全内容涉及交通安全、食品安全、住宿安全、身体安全、心理安全、财产安全、景点安全、活动安全等多个方面。

因主要服务对象为小学至高中(一般为小学四至六年级、初中一至二年级、高中一至二年级)学生。各个学龄段、各个学生、各个家长对安全的理解差异较大,对安全技能的掌握参差不齐,对于研学旅行的所有从业者来说,安全防控的难度更大,安全服务的要求更细,安全管理的责任更重,研学安全的目标更高。

研学旅行具有集体性、独立性、实践性、动态化等特点。知识性、安全性是伴随学生成长的永恒主题,也贯穿于安全研学旅行全过程。

研学旅行安全保障服务的中心是人,保障安全的核心亦是人,安全保障的重心也是人。思想决定行动,研学旅行的安全保障也一样,所有研学旅行的组织者、参与者都要从思想上高度重视,筑牢研学旅行"安全思想防线"。任何思想上的麻痹大意都可能会使再完善的安全管理制度、再细致的安全手册、再周密的安全应急预案的安全保障归零。

1."四位一体"来管控,形成研学"安全链"

研学旅行从概念推出到行业发展再到即将急需行业市场完善的专业指导,一步步前行就意味着将有更多中小学生走出校园,我们应按照研学旅行相关要求和实施标准去践行研学旅行活动。

针对中小学生研学旅行活动,其安全管理需构建家庭、学校、研学机构、研学目的地"四位一体"的联合管控机制,实施安全管理工作的紧密衔接和无缝对接,确保研学旅行安全顺畅开展。

首先是研学机构要建立畅通的研学沟通渠道,信息沟通要提早、及时、精准,多方信息要保持一致、同步。通过书面和即时通信等多方式,实现研学目的地与服务机构、服务机构与学校家庭、学校家庭与学生之间信息精准无误的传达,使研学旅行工作在实施前得到多方认可,达成多方共识。

其次是层层签订安全责任书。即根据具体的研学旅行的要求,拟定针对性强的安全责任书,学校要与研学机构、研学机构与汽服公司和餐饮酒店服务企业、研学机构与研学目的地签订专项安全责任书,明确各自的安全工作职责和安全工作要求,做到责权明晰。通过"四位一体"联动机制,形成研学旅行的"平安锁"。

2. 专业队伍须构建,构筑研学"安全屏"

一支有爱心、专业过硬、责任心强、经验丰富的研学旅行的服务队伍是实现安全研学的基本保障。从事研学旅行工作的单位要求如下。

首先要配备基本的研学导师、安全员、辅导员等人员,有条件的需配备从事青少年疾病防控工作或户外救护经验丰富的医生、青少年心理学辅导教师、旅游客运驾驶经验丰富的驾驶员、从事过酒店管理或餐饮服务的人员、带团旅游经验丰富的导游等作为研学旅行的专职或兼职教师。

其次是要对研学旅行从业人员开展岗前、行前、行后的相关安全法律法规、安全管理制度、安全操作流程、安全岗位职责等日常化系统性培训,并聘请有关专业人士,围绕研学旅行相关的乘车安全、交通安全、消防安全、餐饮安全、住宿安全、心理安全、旅游安全等方面,开设心理辅导、应急疏散、紧急救护等专业课堂,对从业人员进行不定期的安全培训。

最后选派能力强、经验足的领队人员,组建安全小分队,对每次研学旅行的安全关键部位、重点环节和危险风险点,提前开展实地全面摸底排查,详细制定切实有效的安全防范预警措施,并开展实际模拟演练,做到行程心中有数、防护措施得当、安全责任到人。用专业的服务队伍,以严谨周密的工作部署,构筑研学旅行的"安全屏"。

3. 人防技防制度行,垒砌研学"防火墙"

研学旅行是一个人多、环节多、内容多的动态服务工作,我们可实施人防加技防的防控体系,确保研学旅行全员全过程、全方位的安全防控。

一是人防,即实施研学旅行的单位除要求配备安全辅导员外,也要配备随团研学导师、导游、医生等;借助学校的体检报告,与学校、家长提前沟通,了解每个参与研学旅行学生的个性喜好、成长环境、生活习惯、饮食禁忌、有无过敏史、身体健康等基本信息,建立一人一卡、一团一行一档,坚决杜绝"带病"上路,把好人、车和路况三个源头关。

二是技防,即要充分利用车载电视和GPS、微信、监控设备、直播平台、学生电子手表、定位手机或手环等先进的科技设备,为研学旅行的安全服务。

针对中小学生研学旅行的需要建立全面、完善、系统的安全管理制度是安全研学旅行的基础保障。研学旅行实施单位应制订研学旅行的安全手册、安全责任书、安全应急预案、安全操作程序并签署保险等,而且这些制度要根据具体的群体和活动内容不断地及时修改和完善。

4. 安全课程及评价,延伸研学"服务链"

安全,是伴随一个人一生成长的课程。尤其对于中小学生,使他们从小树立安全保护意识,实践书本上学到的安全知识,掌握基本的安全防护技能,提高应对紧急问题的能力是研学旅行的重要任务。

首先,创新安全课程的研发设计要把安全课程贯穿于研学旅行全过程。针对不同学龄段学生的特点,结合研学旅行的内容,创造性开发安全体验类的课程。例如,可通过绘制简笔画的讲授方式,让学生了解有关旅行财产安全的知识;可将乘车安全课程设置在客车上,引导学生观察车辆所配备的灭火器、安全带、安全锤、安全门、安全窗等安全器材,让学生了解安全带的设计原理,现场模拟教学紧急情况下这些安全器材的使用方法等。通过亲身体验将安全的知识渗透到研学旅行活动中。

其次,要加强创新安全课程的宣教方式。即可根据不同学龄段的学生特点,以游戏渗透式、故事导入式、情境表演式、活动体验式、案例剖析式等多种方式进行安全宣教。诸如,围绕"安全带＝生命带"等安全主题开展学生喜闻乐见的活动,寓教于乐,让学生通过不同的活动,深刻了解安全的重要性,感悟生命的珍贵,并在他们心中播撒遵守规矩、收获安全的种子。

研学旅行的实施单位需要建立安全评价体系,对研学行前做好安全隐患排查,行中做好安全过程监控,行后要做好安全回顾总结,经常性开展安全"回头看"。对每次研学旅行存在的安全管理漏洞和不足,对可能诱发事故的安全风险点及时进行信息搜集整理,制订出切实有效的改进措施,为开启下一次的安全研学旅行打好基础。同时也可建立竞争机制,评价结果与承办单位信誉等挂钩,优胜劣汰,末位淘汰。要不断学习总结全国先进地域研学旅行安全管理的先进经验,对一些典型的案例进行深入剖析,分析原因,结合自己的实际情况,总结、提炼成自己的安全管理工作举措。

总之,研学旅行安全管理是一个持续改进、不断完善、精进的工作。

在研学旅行计划过程中需做到"四个选择",落实"三个报告",做好"两个防护",抓好"一个强化",助推研学旅行安全高效进行。

（1）做到"四个选择"。

①选择好服务车辆。

学校要与有营运资格的运输公司签订用车协议和安全责任书,注意选取性能良好的车辆和驾驶技术娴熟的驾驶人员,并对驾驶人员的驾驶证和行驶证进行备案,防止使用报废车、拼装车、故障车和无营运资格的车辆。

②选择好行进路线。

行进路线尽量避开悬崖陡坡、崎岖险峻的山路或村道,选择县级以上道路或单向两车行驶的平坦道路为宜。

③选择好活动地点。

研学旅行活动地点不宜在人迹稀罕的森林草原、高山河谷、低洼地域、崎岖险峻山崖旁、地质灾害隐患点等,尽量选择爱国主义教育基地、革命旧址（纪念馆）、博物馆、科技馆、减灾教育馆、动物园、名胜景区、非遗基地等有教育意义的馆所或开阔平坦的安全地带。

④选择好天气。

要提前通过各种方式查询天气预报情况,不得在狂风、大暴雨、雷电、冰冻、大雾等气候下组织研学旅行活动。

（2）落实"三个报告"。

①活动前的报告。

学校组织开展研学旅行可采取自行开展或委托开展的形式,提前一周拟定活动计划和安全应急预案,报上级教育行政部门审批后,并将与运输公司签订的用车协议、安全责任书和驾驶人员的驾驶证、行驶证复印件及学校组织该项活动的安全预案上报存档备案,切实做到"活动有方案,行前有备案,应急有预案"。学校自行开展研学旅行要与家长签订安全协议书,并组织购买该项活动的学生意外伤害保险和校方责任险,明确学校、家长、学生的责任权利,告知家长活动意义、时间安排、出行线路、费用收支、注意事项等信息。学校委托开展研学旅行,要与有资质、信誉好的委托企业或机构签订协议书,明确委托企业或机构的相关责任。研学旅行要坚持学生全员参与的原则,并通过整年级、整班级集体行动的方式进行。如学生确因自身原因不能参加的,必须由家长出具请假条,经批准后,由家长切实履行监护人的责任,在确保安全的前提下妥善安排该生的学习生活。

②活动中的报告。

通常情况下,校(园)长为该校组织开展研学旅行活动的安全主体责任人,一同开展研学旅行活动的学校行政管理人员、班主任、学科教师和其他管理人员务必保持通信畅通,逐级随时报告遇到的突发情况。校(园)长要切实落实主体责任,在研学旅行过程中如遇突发事件,要按照政府应急响应机制开展救援工作,要第一时间实施现场救援、第一时间请求事发地的110、120支援,第一时间以电话形式向上级教育行政部门报告突发事件的处置情况或车辆开进情况、活动开展情况、安全管理情况等,教育行政部门相关人员应做好记录,并适时协调、指导处置各类应急突发事件,必要时应立即赶往现场协调处理重大突发和伤害学生事件或事故。

③活动后的报告。

活动结束后,学校应及时组织召开总结会,总结好的方面,查找并反思存在的问题或不足,为下次组织类似活动积累经验,同时,学校应当在1小时内以短信、微信、电话等形式,向上级教育行政部门报告活动开展情况和学生安全回校(回家)情况。

(3)做好"两个防护"。

①带好防护药品。

组织研学旅行活动时,要提前对学生身体素质情况进行排查摸底,对有心脏病史及花粉、植物等过敏史的学生做到心中有数,学校务必准备和携带感冒、痢疾、腹痛、过敏等常备药品,以备后患。

②带好防护雨具和衣物。

户外天气复杂多变,温度变化大,要教育引导学生携带好防护雨具、防晒用具和衣物,防止因暴晒、雨淋引发身体疾病。

(4)抓好"一个强化"。

"一个强化",即强化全程安全管理。

学校要坚持"安全第一"的原则开展研学旅行等校外活动,务必成立以校长为组长的领导小组,明确安全管理人员,不断强化组织领导。要做好行前安全教育工作,每次组织研学旅行活动要由校级领导带队,研学旅行工作领导小组相关人员参与,要为每班配备不少于3人的随行教师或工作人员。有条件的学校要安排掌握应急知识技能人员随队保证安全。活动中,学校行政领导、班主任、带队教师或其他管理人员务必加强过程跟踪管控,不得"马放南山"撒手不管,不得让学生单独行动或有冒险行为和举动。往返途中,每车要指派安全员,对违规驾驶、超速行驶,以及学生推搡、追逐、打闹、将身体部位伸出车窗等不文明乘坐行为要当即制止,要禁止学生或家长携带管制刀具和易燃易爆物品,防止因过程管理不细致而发生问题。对于学生或家长因小误会、小纠纷引发矛盾和隔阂的,学校行政人员、班主任等要及时做矛盾化解工作。

第五章
研学旅行课程案例

    研学旅行基地是载体,内容是根本。《研学旅行服务规范》提出:研学旅行产品按照资源类型分为知识科普型、自然观赏型、体验考察型、励志拓展型、文化康乐型五大类。对各组织机构来说,要开发更多具有针对性的、强调体验的产品,丰富研学课程内容,避免"只旅不学"或"只学不旅",避免"课程内容同质化",注重内容的自主性、实践性、开放性、整合性、连续性,同时强调系统性、知识性、科学性和趣味性。

    以下选取安徽马鞍山、长江三峡大坝等几条精品线路,以教育部等11部门印发的《关于推进中小学生研学旅行的意见》为指导,基于《研学旅行服务规范》的具体要求,依据"乡情、县情、市情、省情、国情教育",以提高中小学生核心素养为目标,设计了——知识科普型、自然观赏型、体验考察型、励志拓展型、文化康乐型五大模块课程,启发多视角、多侧面、多维度思考,把个人爱好、社会热点、地域特色等结合起来,多角度获取信息,并可自由搭配。

课程一　探秘课本上的诗书情韵——安徽马鞍山

(一)研学目的地介绍

    安徽马鞍山是中国中部地区首个全国文明城市,自然环境优美、文化底蕴丰厚,翻开中小学课本,我们会发现和马鞍山有关的名篇、故事有很多。

    这里有一幅幅赏心悦目的旖旎画卷:"天门中断楚江开,碧水东流至此回。两岸青山相对出,孤帆一片日边来。"我们用诗仙李白的这首中小学生都耳熟能详的诗句,跟随万里长江穿城而过,一路奔腾向东,来到和县天门山调头,然后一路向北。于是,马鞍山的瑰丽画卷便在世人面前徐徐展开,"九山环一湖,翠螺出大江",县域东西梁山、大青山、褒禅山遥相呼应,秀水青山在这里完美融合。仁者乐山、智者乐水,在这片秀美的中华土地上,注定会诞生许许多多神奇而动人的故事。

    30万年前在这片古老土地上筚路蓝缕的和县猿人,展示了长江流域也是中华民族文明的摇篮;5300年前凌家滩文化横空出世,显露出中华远古文明的曙光,还有烟墩山遗址、三国时期的朱然墓等,都展示了马鞍山是中华文明长河中悠久历史文化的窗口(图5-1)。

(a)

(b)

图5-1 马鞍山文化古迹

这里有一首首托物咏志的诗词歌赋。南齐山水诗人谢朓的"天际识归舟,云中辨江树""余霞散成绮,澄江静如练"是描绘当涂大青山的千古绝句;北宋婉约派词人李之仪的"我住长江头,君住长江尾。日日思君不见君,共饮长江水"道出了对亲友的诚挚思念;唐代诗仙李白更是留恋马鞍山的山水,一生钟情于此,写下了50多首诗篇,并与谢朓结为芳邻,终老相伴。此后,历代文人墨客便纷至沓来,为了拜谒诗仙,马鞍山便从此成了诗人的朝圣之地。

这里有一篇篇催人奋进的历史华章。王安石的《游褒禅山记》有"世之奇伟、瑰怪,非常之观,常在于险远"。李清照的《夏日绝句》有"生当作人杰,死亦为鬼雄。至今思项羽,不肯过江东。"刘禹锡的《陋室铭》有"山不在高,有仙则名。水不在深,有龙则灵"。三个湖湘秀才避雨三元洞后包揽殿试三甲,令人珍惜知音的"高山流水",催人谦虚好学的"班门弄斧",使人行事周密谨慎的"打草惊蛇",劝人不要自欺欺人的"望梅止渴",这几乎快成了古代的成语大会了,在马鞍山,都能找到这些成语的实地出处,凡此种种,不一而足。

马鞍山不仅诗书情韵面面俱到,同时还在现代工业科技、自然地理风光、徽派古村古镇等方面提供了研学旅行的全面资源,本课程将选取马鞍山丰富研学资源中的冰山一角来进行举例。

(二)研学旅行课程内容

"探秘课本上的诗书情韵——安徽马鞍山"研学旅行课程内容如表5-1所示。

表5-1 "探秘课本上的诗书情韵——安徽马鞍山"研学旅行课程内容

内容模块	内 容 概 要
知识科普型	1. 和县猿人遗址; 2. 凌家滩新石器时代文化遗址; 3. 大青山李白文化园:诗仙李白长眠之地; 4. 马鞍山博物馆; 5. 蒙牛乳业生产线; 6. 马钢工业研学旅游点; 7. 千字文碑帖陈列馆; 8. 德化堂古床博物馆; 9. 朱然家族墓地博物馆。

续表

内容模块	内 容 概 要
自然观赏型	1. 会搞怪的山路:怪坡; 2. 金榜三甲学子必游地:三元洞; 3. 翠螺出大江:翠螺山; 4. 跟着王安石《游褒禅山记》重温褒禅山。
体验考察型	1. 百年历史"三沿"古村落:王店村; 2.《天仙配》故事发源地:董山里古村; 3. 徽派建筑典范:南池古村。
文化康乐型	1. 霸王祠; 2. 刘禹锡《陋室铭》:游陋室、撰新铭; 3. 采石矶大战:以少胜多的经典战役。

（三）课程说明

1. 课程对象

小学四至六年级。

2. 课程时间

1天。

3. 适用人数

100～300人。

（四）课程目标

1. 知识目标

（1）初步了解华夏文明概况。

（2）了解"怪坡"现象出现的原因。

（3）初步认识项羽,掌握至少一首有关项羽的诗词。

2. 技能目标

能够善于利用身边事物做简单实验。

3. 情感目标

（1）通过了解人类文明进程,增强对中华民族的认同感和自豪感。

（2）有团队意识、大局观念。

4. 核心素养目标

（1）乐学善学:能养成良好的学习习惯,掌握适合自身的学习方法;能自主学习,具有终身学习的意识和能力等。

（2）勇于探究:具有好奇心和想象力;能不畏困难,有坚持不懈的探索精神。

（3）健全人格:具有积极的心理品质,自信自爱、坚忍乐观;有自制力,能调节和管理自己的情绪,具有抗挫折能力等。

（五）课程内容

"探秘课本上的诗书情韵——安徽马鞍山"课程内容如表5-2所示。

表 5-2 "探秘课本上的诗书情韵——安徽马鞍山"课程内容

知识点	内　容　概　要
研学和县猿人遗址——华夏文明应该如何概括?	历史课开课之初,我们就学习了周口店北京猿人的相关知识,揭开了中华民族人类文明的神秘面纱,北京猿人完整头盖骨的发现揭示中华民族人类活动在距今 70 多万年前已开始发生在黄河流域,因此华夏文明的说法从来都是指黄河流域的文明,长江流域的文明是否同样具有中华民族人类文明史的特征呢? 和县猿人的发现使我们有了对比思考和学习的素材。请先从网上查询一些南北方古人类的资料进行了解,设定研学目标后再到实地观摩,最后形成研学心得。
会搞怪的山路:怪坡	位于马鞍山市濮塘镇的濮塘怪坡全长约 120 米,是目前国内最长的怪坡。这是一条柏油路,两边长满小草,路旁有排水沟。排水沟之外,一边是逐渐高起的山峰,另一边是林木葱郁的山谷。整条道路首先是一个缓慢的下坡,然后,开始上坡! 怪坡正是这段上坡路,汽车停在上面,不是溜下来,而是继续向上行走。如果用其他方法去试验,比如将一瓶水倒在怪坡的路面上,水居然朝着上坡的方向流过去。当大家看到这一现象的时候有没有好奇其出现的原因呢? 有没有想要探索其奥妙呢? 　　有人说,这是视觉差异、重力差异、磁场效应、黑暗物质引起等,终究我们如何应用自己所学的物理知识解释这种与"水往下流"不同的物理现象呢? 怪坡,中学物理教材中有过介绍,我们期待同学们带来正确的科学解释。
霸王祠——探讨项羽、反观自我	我们在迈入大学的校门之前,要经历小升初、中考、高考三次重要考试,然而,人生的道路远远不止这三次考试,我们应怎么看待,怎么经历? 　　霸王祠内有唐代诗人杜牧的《题乌江亭》:"胜败兵家事不期,包羞忍耻是男儿。江东子弟多才俊,卷土重来未可知。" 　　同时,霸王祠里还有宋代著名女词人李清照写的《夏日绝句》:"生当作人杰,死亦为鬼雄。至今思项羽,不肯过江东。"   　　研究健全人格不妨先从项羽说起。 　　项羽:公元前 232 年—公元前 202 年,名籍,字羽,通常被称作项羽,中国古代杰出的军事家及著名政治人物。中国军事思想"勇战派"代表人物,秦末起义军领袖。在公元前 207 年的决定性战役巨鹿之战中大破秦军主力。秦亡后自立为西楚霸王,统治黄河及长江下游的梁、楚九郡。后在楚汉战争中为汉王刘邦所败,在乌江(今马鞍山和县乌江镇)自刎而死,年仅 30 岁。项羽的武勇古今无双(古人对其有"羽之神勇,千古无二"的评价),"霸王"一词,专指项羽。然而,正是这样一位中华数千年历史上勇猛的武将,却在兵败后没有选择逃生,而是选择了自刎于乌江。在参观完霸王祠后,同学们可以根据两位著名诗词人的作品进行一番思考,如果你是项羽,当年你会怎么做呢? 　　同学们,你们怎么看? 开始讨论吧。

（六）课程安排

1. 行前准备

（1）在老师或父母的帮助下在网上查询一些南北方古人类的资料进行了解。

（2）了解项羽的故事，并用自己的方式做一个两分钟的介绍。

2. 行中研学（表5-3）

表 5-3 "探秘课本上的诗书情韵——安徽马鞍山"行中研学

时间	活动安排
上午	研学导师到校进班。
	集合出发前往马鞍山，车程中研学导师介绍本次研学安排及注意事项。
	开始和县猿人遗址、濮塘怪坡探索课程。
	（1）中华文明历史第一课。 人们将万年以内存在的文明总体上概括为四大文明，即古埃及文明、古印度文明、古巴比伦文明和中华古代文明。奇异的是，前三大文明因异族征战、社会变迁等诸多因素先后中断，唯独中华文明连绵几千年，生生不息，代代相传，成为世界文明中独特的风景线。 我们要在同学们出行研学和县猿人遗址之前，首先提出这么两个问题： ①我们总是宣传要热爱中国古代传统文化，为什么？ ②中国古代传统文化为什么不似其他三大古文化中断而能传承至今？ 要想回答这两个问题，我们应追溯到中华文明的史前时期，而了解史前时期，原始人遗址就是最好的教材。 同学们可以携带在学校课堂上的历史课本和笔记，来到和县猿人遗址和博物馆，对照着文物，再现课堂上无法展示的真实世界，体验在课堂上无法体验的不须死记硬背就能记住的历史。 （2）物理实验活学活用第二课。 观察： ①根据路上的汽车、自行车，以及携带的水来进行现象观察，看看怪坡"水往上流"的奇观； ②观察周围的景致与参照物，我们会发现这段怪坡处在两段陡坡之间，只是下降的陡坡变缓了。加上四周是倾斜的山坡，找不到一个可以作为基准的水平面。所以，就很容易引起视觉上的误差。 ③寻找水平参照系。 试验： 为了证明我们的观察结果，大家分组，每组准备一根铅垂线，并将周围的护栏、石柱选做水平参照系，为什么选择它们作为水平参照系呢？因为在生活习惯中，我们总是把柱子视为垂直的。每组选择自己测量实验的对象，从柱顶或者护栏顶端吊一根铅垂线，就会发现，原来每根石柱都不是垂直的，而是一律倾斜了大约5度。错觉就这样加强了。因为柱子往右倾斜，我们便会感到是一条右高左低的上坡路，其实怪坡依旧是缓慢倾斜的下坡路。 记录： 完成研学旅行手册，记录完整试验及思考过程。
中午	午餐。

续表

时间	活动安排
下午	（3）研学霸王祠——探讨项羽，反观自我第三课。 通过开展团建游戏"霸王走不走"，来探索历史世界的过程，感受个人决策与团体决策之间的差异，从而体会各自的优缺点，来重新审视项羽的人格结构，并反观自我。也许道理并不复杂，但是，我们过去往往停留在认知的水平，而没有切身的体验，所以在日常生活中不能很好地应用。这次，我们来到霸王祠内，通过特殊的情境设置再认识这一过程，这对同学们在未来的学习过程中形成共同探讨而非一味竞争有好处。 道具准备：笔、研学旅行手册中"霸王走不走"测验问卷（见附件）、29人一组。
	集合返校。

3. 行后分享

学生与父母分享活动心得；在学校开展马鞍山一日研学游主题分享会、摄影比赛等后续活动。

4. 课程评价

一是对研学旅行活动的整体评价；二是对教师研学旅行活动的评价，即对从确定主题开始到成果展示的整个活动过程的质量进行评价；三是对研学旅行参与者即学生的表现进行评价（表5-4）。

表5-4 "探秘课本上的诗书情韵——安徽马鞍山"课程评价

	主要内容	评价
研学旅行活动整体评价	本次活动与教学知识有较高的契合度，主题明确，具备挑战性、持续研究性、真实性。	
	作品的外观设计新颖有特色，能突出产品的内在价值。	
	本次活动合理利用资源，绿色环保。	
	本次活动对生活学习意义重大，能解决生活学习中重要或急需解决的问题。	
教师研学教学过程评价	行前教师准备充足，有完整的计划方案、实施步骤及技术解决方案。	
	行中为活动实施创设情境，激发兴趣，调动学生实施项目的积极性。	
	行中组织学生严格按计划实施项目，加强过程监控和管理，学生参与面大，效率高。	
	行后有评价标准，对项目作品点评到位，指出优缺点。	
	整体表现经验丰富、教学娴熟、态度端正。	
学生研学活动评价	行前资料搜集完整，认真完成了老师布置的作业。	
	行中明确任务，积极参与活动，本人在小组内有明确的分工，承担一定的工作任务。	
	行中团结合作，遇到问题主动与同学或老师沟通，解决技术问题。	
	行中运用有效的技术手段和方法达成项目目标，实现技术创新。	
	行后展示作品，汇总总结，成果达成预期目标。	
	整体表现态度端正、知识吸收很好、能力有较大的提升。	
备注	非常符合5　比较符合4　符合3　比较不符合2　非常不符合1	

（七）注意事项

1. 交通保障

组织方对汽车车队、车辆、司机服务进行综合评选后择优安排。

2. 餐饮保障

午餐应为合格验收餐厅供应，食品安全等级不低于 B 级，荤素搭配合理，营养全面，尽量符合学生们的口味。

3. 人员保障

每车配备至少一名研学导师，研学途中注意防止学生掉队，研学导师与带队教师相互配合，共同承担研学旅行工作任务。

附件："霸王走不走"测验问卷

同学们，假设你是当年的霸王，按照预订的计划，你应该带领江东八千子弟兵北上击败刘邦，但由于一意孤行，率兵犯险，遭到刘邦包围阻击，最后剩下 28 人紧随退至乌江。下面是你们仅有的 10 种尚可使用的物品，是乌江自刎还是渡过乌江卷土重来，每个人请谨慎地按照各物件的重要性加以选择。

按照每个人的认知能力，把这 10 件东西依次加以排列，在你认为最重要的一项上注明"1"，次要的注明"2"，以此类推，直到将你认为最不重要的注明"10"为止。

活动流程：

同学们独自完成问卷，形成个人答案；

分组讨论，共同形成小组答案；

公布标准答案（依次为 5、3、2、4、8、6、10、9、7、1），得分分值依次为（10、9、8、7、6、5、4、3、2、1）；

将个人与个人得分比较、小组与小组得分比较。

引导讨论：

小组成绩是否比个人成绩更好？

小组成绩与个人成绩平均分比较，哪个成绩更好？怎样解释这个结果？

结果对霸王的选择有什么启示？

小组成员之间如何达成一致？

团体决策有哪些优劣？

团体决策需要哪些条件？

对于霸王当年的选择，结合我们今天的游戏，大家有何启示？

总结反思：

我们发现，通常解决新问题时，团体决策的力量要比个人大，所以刚愎自用在解决新问题时是否会容易走入极端？

解决常规问题，采用团体决策有可能会影响决策的效率，因此，个人的力量应该被控制在什么范围之内？

当意见不一致时，需要大家宽容、理智、相互尊重，并有技巧地将分歧消除，最终达成统一。

测验问卷

序号	物品	个人注明	分组注明
1	乌骓马		
2	干粮		
3	船桨		
4	地图		
5	木船		
6	绳子		
7	宝剑		
8	药品		
9	盔甲		
10	战旗		

课程二 少年峡课行——游三峡研大坝访屈原故里

（一）研学目的地介绍

长江流经四川盆地东缘时冲开崇山峻岭，夺路奔流形成了壮丽雄奇、举世无双的大峡谷，即长江三峡。三峡西起重庆市奉节县的白帝城，东至湖北省宜昌市的南津关，由瞿塘峡、巫峡、西陵峡组成。其中瞿塘峡位于重庆奉节境内，巫峡位于重庆巫山和湖北恩施州巴东两县境内，西陵峡在湖北宜昌市秭归县境内。四百里的险峻通道和三个动听的名字，展现了无尽的旖旎风光，是长江上奇秀壮丽的山水画廊，而其中，西陵峡又是极为壮丽的一个峡谷（图5-2）。

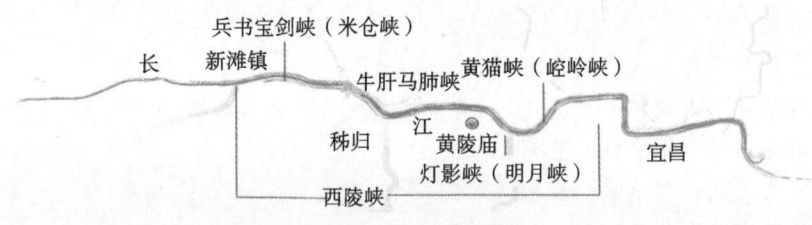

图 5-2 西陵峡位置图

长江三峡，地灵人杰。这里是中国古文化的发源地之一，著名的大溪文化，在历史的长河中闪耀着奇光异彩；三峡大坝所在的西陵峡南岸——秭归，孕育了中国伟大的爱国诗人屈原和千古名女王昭君；青山碧水，曾留下李白、白居易、刘禹锡、范成大、欧阳修、苏轼、陆游等诗圣文豪的足迹，留下了许多千古传颂的诗章；大峡深谷，曾是三国古战场，是无数英雄豪杰驰骋之地；这里还有许多著名的名胜古迹，白帝城、黄陵庙、南津关……它们同这里的山水风光交相辉映，名扬四海。

三峡大坝位于中国湖北省宜昌市境内，距下游葛洲坝水利枢纽工程38公里，是当今世界最大的水力发电工程。三峡工程从最初的设想、勘察、规划、论证到正式开工，经历了75年。在这漫长的梦想、企盼、争论、等待相互交织的岁月里，三峡工程载浮载沉，几起几落。在中国综合国力不断增强的 20 世纪 90 年代,经过全国人民代表大会的庄严表决,三峡工程建设正式付诸实施。三峡大坝是世界上最大的电力工程,耗时 12 年,总投资近 1000 亿人民币,是国家首批 5A 级风景区,是人力改造自然的象征,是研学旅行的优质选择。

（二）研学旅行课程内容

"少年峡课行——游三峡大坝访屈原故里"研学旅行课程内容如表 5-5 所示。

表 5-5 "少年峡课行——游三峡大坝访屈原故里"研学旅行课程内容

内容模块	内 容 概 要
知识科普型	1. 悬棺； 2. 黄陵庙； 3. 柑橘博物馆。
自然观赏型	1. 西陵峡； 2. 灯影峡； 3. 三游洞。
体验考察型	1. 三峡大坝研学基地； 2. 移民学校。
文化康乐型	1. 屈原祠； 2. 三峡人家风景区。

（三）课程说明

1. 课程对象

初中一至二年级。

2. 课程时间

1 天。

3. 适用人数

100～300 人。

（四）课程目标

1. 知识目标

（1）了解奇特的西陵峡及三峡大坝基础知识。

（2）初步认识屈原,掌握至少一首有关屈原的诗词。

2. 技能目标

（1）学习现代水利科技,了解三峡大坝高度是如何确定的,如何完成蓄水和泄洪的,如何将水能转换为电能的。

（2）借用岩石标本、连通器设置互动实验环节,增强动手能力。

3. 情感目标

（1）徒步研学活动,挑战自己体能,丰富自己大脑,锻炼坚毅的品格。

（2）学习三峡巨变,激发民族自豪和认同感。

（3）游屈原故里,寻士子情怀,追思屈原大夫爱国精神,接受尊师重道、明礼求学的传统文化熏陶。

4. 核心素养目标

（1）乐学善学：能养成良好的学习习惯，掌握适合自身的学习方法；能自主学习，具有终身学习的意识和能力等。

（2）技术运用：理解技术与人类文明的有机联系，具有学习并掌握技术的兴趣和意愿。

（3）国家认同：具有文化自信，尊重中华民族的优秀文明成果，能传播弘扬中华优秀传统文化和社会主义先进文化。

（五）课程内容

"少年峡课行——游三峡大坝访屈原故里"课程内容如表5-6所示。

表5-6 "少年峡课行——游三峡大坝访屈原故里"课程内容

知识点	内 容 概 要
勇于探究：奇特的西陵峡	西陵峡，全长66公里，以航道曲折、怪石林立、滩多水急、行舟惊险而闻名，是长江三峡中最长的峡谷，同学们可要慢慢看哟！长江在西陵峡里要穿过好几重山，所以西陵峡里还藏着小三峡呢。 第一个小三峡，就是兵书宝剑峡，江边竖起的一块石头就像宝剑，石缝里平放着一些木头则像兵书，传说这是三国时期诸葛亮留下来，给后代的有心人看的。然而走近一看，哪儿是古代的兵书呀，原来是远古巴族人安放在石缝里的船棺。在长江三峡里，古时候有人居住，留下了很多这样的船棺。出了兵书宝剑峡，半山坡上有一大片崩落下来的大石块，将一个古镇埋压了大半，只留下了一小半，让我们看到新滩镇曾经存在过的证据，为什么要提到新滩镇呢？因为新滩镇是出名的盛产柑橘的地方，在研学三峡的期间，我们还可以去拜访一下三峡柑橘博物馆！ 第二个小三峡称为牛肝马肺峡。江边崖壁上有两处钟乳石，尖薄如肝，厚圆如肺，活像是刚剖出来的牛肝和马肺，是"大自然老人"费了千万年光阴雕塑出来的天然艺术品。可惜在清代光绪年间，一艘英国军舰横冲直撞开进来，开炮把"马肺"打掉了一半。 出了这道峡谷，很快就到黄陵庙了。这里的江心有很多礁石，崖上有一幅天然的图画，好像一个人牵着一头大黄牛。古时候船在这里走得很慢，走上三天，抬头还能看见这头黄牛。船夫们编了一首歌谣："朝发黄牛，暮宿黄牛。三朝三暮，黄牛如故。"可见在这里航行是多么的困难。 第三个小三峡是灯影峡。山顶上有几块大石头，像是唐僧师徒到西天去取经，神通广大的孙悟空手舞金箍棒，在前面探路呢！黄昏时映着殷红的晚霞，看得很清楚，像是一出皮影戏，所以就取名叫灯影峡。走完灯影峡，我们就走出了长江三峡，来到了葛洲坝水利枢纽工程，轮船穿过船闸，我们就向长江三峡挥手再见了。

续表

知识点	内 容 概 要
技术运用：世界上最大的水利枢纽工程	三峡大坝位于宜昌市三斗坪，距下游葛洲坝水利枢纽工程38公里，是当今世界上最大的水利枢纽工程。它的许多工程设计指标都突破了世界水利工程的纪录，堪称世界水利工程史上之最。 　　(1) 世界上综合工程规模最大的水利枢纽工程：三峡水利枢纽主体建筑物施工总工程量包括建筑物基础土石方开挖10283万立方米，混凝土基础2794万立方米，土石方填筑3198万立方米，金属结构安装25.65万吨，水电站机电设备安装34台套、2250万千瓦。除土石方填筑量外，其他各项指标均属世界第一。 　　(2) 世界上金属结构第一的水利工程：三峡工程金属结构总量包括各类闸门386扇，各种启闭机139台，引水压力钢管26条，总工程量26.65万吨。其综合工程量为世界已建和在建工程之首。单项金属结构中，引水钢管的内径12.4米，永久船闸人字工作门挡高度37.75米，门高39.75米，运转时最大淹没水深17～35米，均属世界之最。 　　(3) 世界上防洪最为显著的水利工程：三峡水库总库容393亿立方米，防洪库容221.5亿立方米，水库调洪可消减洪峰流量达每秒2.7万～3.3万立方米，能有效控制长江上游洪水，保护长江中下游荆江地区1500万人口，2300万亩(1亩≈667平方米)土地。 　　(4) 世界上最大的电站：三峡水电站总装机1820万千瓦，年平均发电量846.8亿千瓦时。 　　(5) 世界上建筑规模最大的水利工程：坝轴线全长2309.47米，泄流坝段长483米，水电站机组70万千瓦×26台，双线5级船闸＋升船机，无论单项、总体都是世界上建筑规模最大的水利工程。 　　(6) 世界上工程最大的水利工程：主体建筑物土石方挖填量约1.34亿立方米，混凝土浇筑量2794万立方米，钢筋制安46.30万吨，金结制安25.65万吨。 　　(7) 世界上混凝土建筑施工难度最大的水利工程：2000年混凝土浇筑量为548.17万立方米，月浇筑量最高达55万立方米。 　　(8) 世界上施工期流量最大的水利工程：截流流量9010立方米/秒，施工导流最大洪峰流量79000立方米/秒。 　　(9) 世界上泄洪能力最大的泄洪闸：最大泄洪能力10.25万立方米/秒。 　　(10) 世界上最高的内河船闸：双线五级、总水头113米的船闸，是世界上级数最多、总水头最高的内河船闸。 　　(11) 世界上规模最大、难度最高的升船机：有效尺寸为120米×18米×3.5米，最大升程113米，船箱带水重量达11800吨，过船吨位3000吨。 　　(12) 世界上水库移民最多、工作也最为艰巨的移民建设工程：动态移民最终可达113万。

知识点	内容概要
技术运用：世界上最大的水利枢纽工程	 三峡大坝拥有三峡大坝研学旅行基地、三峡展览馆、坛子岭园区、185园区、近坝园区及截流纪念园等园区，依托世界上最大的水利枢纽工程，全方位展示工程文化和水利文化。 在园区可以远眺大坝，俯瞰长江，泄洪观景区更是波澜壮阔、雷霆万钧，不仅可以看到上游的高峡平湖与下游的滔滔江水所形成的鲜明反差，同时也可以在研学旅行基地全面学习现代水利工程技术。
国家认同：游屈原故里，寻士子情怀	每年的端午节，同学们都知道是为了纪念一位名叫屈原的楚国诗人、政治家，他写的《离骚》同学们都很熟悉，"路漫漫其修远兮，吾将上下而求索"、"长太息以掩涕兮，哀民生之多艰"等传诵千年的名句更是为无数具有爱国情怀的人所传诵，今天我们来到屈原故里，来拜谒我们心中这位"惟楚有才"的士子。 走出三峡大坝，我们就来到了屈原祠。秭归是伟大的楚国爱国诗人屈原的故乡。屈原忧虑祖国，却受奸臣的陷害，在遥远的汨罗江跳河自尽。唐代归州刺史在当时的州城东方首建屈原祠。1976年因兴建葛洲坝水利枢纽工程，水位升高，迁建于秭归县城东方3公里的向家坪，后来又因三峡大坝的建设工程，在秭归凤凰山重建，新建的屈原故里毗邻三峡大坝且直线距离为600米，占地面积约500亩，高峡平湖美景尽收眼底，同时以屈原祠、江渎庙为代表的24处峡江地面文物集中搬迁于此，2006年5月被国务院公布为第六批全国重点文物保护单位。其保护区主要内容包括以屈原祠为主的屈原纪念景区，以新滩古民居、峡江石刻、峡江古桥等为重点的三峡古民居区，以及屈原文化艺术中心、滨水景观带等景点。屈原故里的开发建设是以激扬屈原文化、追溯峡江楚韵、拥览天筑情怀为主题思路，突出屈原故里文化底蕴，增加文化内涵，把秭归县丰富的历史文化、民俗文化与屈原文化资源结合起来，发展具有巴风楚韵的戏曲、表演和饮食文化，拓展和发掘具有浓郁地方特色的祭祀、研学和旅游服务项目；同时注重开发具有三峡地方特色的历史文物、宗教文化、民居文化、茶文化等内涵丰富的传统文化产品。 屈原故里景区重在弘扬中国传统文化，继承与发扬屈原伟大的爱国主义精神与浪漫主义情怀，把屈原和秭归丰富的文物资源、历史文化与生态旅游资源结合起来，打造全国著名的三峡文化研学旅行精品线路。

（六）课程安排

1. 行前准备

（1）在老师或父母的帮助下在网上查询一些西陵峡的资料进行了解。

(2) 了解屈原的故事,并用自己的方式做一个两分钟的介绍。

2. 行中研学(表5-7)

表5-7 "少年峡课行——游三峡大坝访屈原故里"行中研学

时间	活动安排
上午	研学导师到校进班。 集合出发前往西陵峡,车程中研学导师介绍本次研学安排及注意事项。 开始勇于探究:走进三峡、西陵峡如画课程。 (1) 脚步丈量祖国壮丽河山第一课。 北魏地理学家郦道元在《水经注·江水》一文中这样写道:"江水又东,迳西陵峡。《宜都记》曰:'自黄牛滩东入西陵界,至峡口百许里,山水纡曲,而两岸高山重障,非日中夜半,不见日月,绝壁或千许丈,其石彩色形容,多所像类;林木高茂,略尽冬春。猿鸣至清,山谷传响,泠泠不绝。'所谓三峡,此其一也。"文中生动描述了西陵峡谷景观的奇绝俊秀。 欧阳修曾经赋诗云:"此地江山连蜀楚,天钟神秀在西陵。"西陵峡位于宜昌市西郊,东起葛洲坝,西至三峡大坝,总面积142平方公里,素有"三峡门户、川鄂咽喉"之称,这里无峰不雄、无滩不险、无洞不奇、无壑不幽、无瀑不秀、无一处不可以成诗、无一处不可以入画,是中国十大风景名胜之一,是徒步健身的经典去处。自1979年开放以来,现已形成三游洞、世外桃源、三峡猴溪、快乐谷、野狼谷五大景区,是宜昌三峡旅游新区规划建设中的"两坝两岛一峡"核心区。从虾子沟码头乘船沿长江逆流而上,经过南津关,宽敞的江面迅速变窄,这就是西陵峡了。西陵峡是长江三峡的起始点。三峡库区175米的最终水位,改变了瞿塘峡、巫峡的景观,唯有三峡大坝下游38公里的西陵峡没有被淹没,"天然画廊"风采依旧,雄、秀、奇、幽自然风貌依存,西陵峡峡口也是长江三峡里面唯一一个可以看到老三峡原汁原味的地方了。自葛洲坝令这里的水位升高三四十米之后,这段峡江便始终"超脱"于三峡大坝不断升高的蓄水水位之外,两岸的山势雄奇陡峭,成为缅怀老三峡的"绝版之地"。 我们从西陵峡口出发,沿山间小路和古栈道溯江而上,以三峡大坝为终点,去重拾老三峡的壮美景色。 第一站来到白马洞,洞外翠绿掩映,风光秀丽,洞内溪水潺潺,洞中有洞,凉气袭人,形态各异的钟乳石在灯光的映衬下绚丽多彩,如梦似幻,非常壮观。地下水千年溶成的石柱石幔雪白如洗,活脱脱的白马再世,白马洞因此得名。 第二站下牢溪上岸徒步,西陵峡不仅有滚滚长江之水,还有绿油油的"爱河"下牢溪。张艺谋导演曾在此取景拍摄《山楂树之恋》。下牢溪清澈见底,溪水清幽,偶有一叶快艇疾驰而过,留下惊呼与欢笑在峡谷间回荡。 面对下牢溪,我们来到了第三站,三游洞摩崖。背靠长江的三游洞摩崖是西陵峡的精华所在。位于悬崖之上的三游洞距今已有1200多年历史。据记载,唐元和十四年(公元819年),白居易、白行简、元稹三人会于夷陵(今湖北宜昌),从下牢溪的绝壁悬崖之上仅容得下一人的小洞口蜷身爬入,发现此别有洞天之地,当场各赋诗一首,并由白居易作《三游洞序》,写在洞壁上,三游洞也由此而得名。到了宋代,著名文学家苏洵、苏轼、苏辙父子三人,也来游洞中,各题诗一首于洞壁之上,人们称之为"后三游"。三游洞地势险峻,形如覆篷,冬暖夏凉,洞室开阔,呈不规则长方体,深约30米,宽约23米,高约9米,其远景是古代地下水沿岩层岩面不断溶蚀并经塌陷形成的石灰岩溶洞。它的地层地质年代为寒武纪,距今有几亿年。 此番走进西陵峡的徒步研学活动,请同学们将游记及感受书写在研学旅行手册上,记下挑战自己体能、丰富自己大脑、丰富课堂学习的难忘经历吧!

续表

时间	活 动 安 排
中午	午餐。
下午	（2）学习三峡巨变、激发民族自豪第二课。 在中国首批十大科技旅游基地长江三峡水利枢纽工程所在地——三峡大坝研学基地,开展"智慧科技筑坝,为民族梦想奠基"为主题的研学旅行课堂活动。 课堂将学生分成枢纽设施组、地质地震组、生态与环境组、工程建设组四个小组,在研学导师的带领下,通过完成任务卡开展研学任务。学生们在旅游公司职工食堂品尝建设者工作餐,体味三峡特色;跟随《千秋三峡》的镜头,看三峡百年巨变,万古江流盛世安澜,激发学生民族自豪感;观赏三峡大坝全景,了解三峡工程选址原因及五级船闸的原理;前往185平台,了解三峡大坝高度是如何确定的,如何完成蓄水和泄洪的,如何将水能转换为电能;亲临垂直升船机建筑体旁,了解升船机如何将难于上青天的蜀道变为黄金水道的过程。课堂还借用岩石标本、连通器设置互动实验环节,激发学生们积极性,让课堂生动有趣。 （3）游屈原故里,寻士子情怀第三课。 着楚服,依古法,首先祭奠屈原。研学导师教习峡江本土非遗瑰宝《船工号子》中催人奋进的歌句,然后师生齐诵《橘颂》;随后学生在研学导师的指挥下为教师呈敬师礼茶,教师身着楚服,接受学生的拜师礼仪,然后教师随着研学导师的领诵带领学生导读《大学》首章;在楚风汉礼中,学子追思屈原大夫爱国精神,接受尊师重道、明礼求学的传统文化熏陶。以此向伟大的爱国主义、浪漫主义诗人屈原致敬! 同学们在粽子馆兴致勃勃地学习包粽子,了解粽子的由来,切身感受粽子文化;亲身参与划龙舟活动,了解龙舟文化,学习其浓厚的文化内涵。在青滩民俗馆观看了"薅草锣鼓""鸦鹊子"和秭归民间吹打乐等表演,了解历史文化,学习待客礼仪,传承传统美德。在屈原祠,参观了山门、两厢配房、碑廊、前殿、乐舞楼、正殿、享堂、屈原墓等建筑,感受了屈原忠君爱国、矢志不渝的精神。同学们应该在研学旅行手册上写下:屈原的"求索"精神将会鼓励自己以更加饱满的热情投入到学习和生活中。
	集合返校。

3. 行后分享

学生与父母分享活动心得;在学校开展西陵峡一日研学游主题分享会、摄影比赛等后续活动。

4. 课程评价（表5-8）

表5-8 "少年峡课行——游三峡大坝访屈原故里"课程评价

	具 体 内 容	评 价
设计 内容 评价	前期学生相关资料搜集到位,对研学内容有一定的了解。	
	项目作品整体实现的可行性高,可操作性强,易实现。	
	研学方案完整,包括具体步骤、使用工具材料、关键问题及解决方案等。	

续表

	具 体 内 容	评 价
实施阶段评价	参与项目实施,本人在小组内有明确的分工,承担一定的工作任务。	
	组内严格按计划实施项目,学生自我调制和管理,提高效率。	
	团结合作,遇到问题主动与同学或教师沟通,解决技术问题。	
	运用有效的技术手段和方法达成项目目标,实现技术创新。	
	认真检查作品,发现问题及时修正解决。	
总结阶段评价	展示作品,汇总总结,成果达成预期目标。	
	对照评价标准,对项目成果进行评价并进行自我评价。	
	整体表现态度端正、知识吸收很好、能力有较高的提升。	
备注	非常符合5　比较符合4　符合3　比较不符合2　非常不符合1	

(七)注意事项

1. 交通保障

组织方对汽车车队、车辆、司机服务进行综合评选后择优安排。

2. 餐饮保障

午餐应为合格验收餐厅供应,食品安全等级不低于B级,荤素搭配合理,营养全面,尽量符合学生们的口味。

3. 人员保障

每车配备至少一名研学导师,研学途中注意防止学生掉队,研学导师与带队教师相互配合,共同承担研学旅行工作任务。

4. 安全保障

徒步途中注意学生行走路线,尤其是靠近水源的地方。

课程三　厚德传承岭南松塘

(一)研学目的地介绍

费孝通先生在《乡土中国》一书中讲到,乡土社会是一个"礼治"的社会,并精辟地指出:人们有学习的能力,上一代所实验出来有效的结果,可以教给下一代。这样一代一代的累积可总结出一套帮助人们生活的方法。

文化传统一代一代、自然而然地塑造了我们许多不同的行为法则,而这些传统在乡土社会中存留的更多,也具有更加重要的价值。置身于全球化、现代化的环境之中,面对着都市化浪潮,也许在接受了制度性的现代教育的人看来,不少传统的习惯和事物已经不够时尚,但我们还是得知道,正因为中华文化传统融每个普通人血液之中,我们才成为中国人。

"珠江文明的灯塔"西樵山下的松塘正是传承岭南传统文化的古村明珠。这颗南国明珠历经700多年的孕育,晶莹敦厚,熠熠生辉,如果说西樵山是珠江三角洲平原上的一轴历史宝卷,松塘便是这宝卷之上浓墨重彩的一笔(图5-3)。

图 5-3　岭南松塘风景

松塘是秀美的。举目远眺,村外叠嶂环绕。村心池塘片片,绵延数十亩。塘中荷叶青青,荷花摇曳生姿。

松塘是醇厚的。十数祠堂,规模宏大,雄伟壮丽。古老的建筑,见证了700多年来松塘人的荣辱兴衰。还有十数书院,传达了松塘崇文重教的历史传统。

松塘是富足的。这里的人们,巧思巧手,织出多少纱线,松塘人勤劳聪慧,步步走向富足的生活。

松塘是鲜活的。古朴的民风,就是活生生的历史记忆。风俗节庆,热闹非凡,特色鲜明,展示着松塘人生活的点滴。

松塘是前进的。松塘人心怀对生活的无限热爱,不忘前人恩泽,开拓创新,让这个古韵浓郁的村庄,充满了生命力。

松塘是国家级历史文化名村,广东十大美丽古村落之一。

松塘之魅力,用三言两语很难概括。

同学们,让我们拾起这颗古村明珠,一同走进松塘。

(二)研学旅行课程内容

"厚德传承岭南松塘"研学旅行课程内容如表5-9所示。

表5-9　"厚德传承岭南松塘"研学旅行课程内容

内容模块	内 容 概 要
知识科普型	1. 翰林明堂; 2. 松塘古村落民居; 3. 松塘制造。
自然观赏型	松塘八景。
文化康乐型	1. 孔圣诞; 2. 关帝诞。

(三)课程说明

1. 课程对象

初中一至二年级。

2. 课程时间

1 天。

3. 适用人数

100~300 人。

(四)课程目标

1. 知识目标

(1)初步了解松塘文化、历史等相关信息。

(2)对比了解传统手工制线的过程和现代化制线技术。

(3)感受、了解中国建筑之美。

2. 技能目标

(1)体验制线业这一传统的手工行业。

(2)感受孔圣诞乐学仪式,营造自身善学环境。

3. 情感目标

(1)顺着岭南丝织文化的发展脉络,了解松塘村百年线业诞生的历史机缘和成长道路,探寻松塘村翰林文化的根。

(2)从体验制线纺纱中思考松塘崇文重学的意义。

4. 核心素养目标

(1)审美情趣:具有艺术知识、技能与方法的积累;能理解和尊重文化艺术的多样性,具有发现、感知、欣赏、评价美的意识和基本能力;具有健康的审美价值取向;具有艺术表达和创意表现的兴趣和意识,能在生活中拓展美和升华美。

(2)国家认同:具有文化自信,尊重中华民族的优秀文明成果,能传播弘扬中华优秀传统文化和社会主义先进文化。

(五)课程内容

"厚德传承岭南松塘"课程内容如表 5-10 所示。

表 5-10 "厚德传承岭南松塘"课程内容

知识点	内 容 概 要
乐学善学:名冠岭南翰林村	松塘拥有世代传承的崇文重学精神,世袭了修身齐家治国平天下的先祖传统,至今,村子里的尚文气息依然非常浓烈,从随处可见的楹联碑文就能够感受出来,松塘人将崇文重学作为传统传承的千秋功业,子孙沿袭,松塘翰林村也因此名冠岭南。至今,松塘的翰林明堂指的是以孔圣庙为中心,前由金阶、青云路与翰林门相连接,右通宗祠的旗杆台,左达士大夫家庙的扭拧门楼,翰林明堂是松塘翰林文化的核心体验区。 当同学们在研学翰林村时,看到这不大的村庄,却历代英才辈出,一定会在心里不由地追问,到底是什么力量,使得松塘能在开村 700 多年的漫长历史中,传承着弥足珍贵的儒家文化,不断地为国家、民族培养出优秀的人才? 这里,我们提出一个研学问题:如何给自己营造一个良好的学习环境?

续表

知识点	内 容 概 要
审美情趣：极富工匠精神的松塘古民居	"工匠精神"一词已经被我们国家正式在政府工作报告中提出,首先我们要了解什么是工匠精神?工匠精神是指工匠以极致的态度对自己的产品,精雕细琢、精益求精、追求更完美的精神理念。工匠们喜欢不断雕琢自己的产品,不断改善自己的工艺,享受着产品在双手中升华的过程。工匠精神落在同学们的身上,就是对知识学习的一种认真精神、专注精神。其核心:不仅是将学习知识当作是自己要完成的一项任务,而且是对知识树立起敬畏、探究、执着的态度,不断问为什么?不断去否定,追求对知识系统的、深入的了解,享受着精神上完完全全脱俗的、超越的快乐体验。与工匠精神相对的,则是差不多精神——差不多就行了,而不追求100%。
审美情趣：极富工匠精神的松塘古民居	在古村松塘,每位同学可能感悟的都不相同:也许是烟雨中的古榕,也许是荷塘畔的清香,也许是恢宏磅礴的"百巷归源",也许是精美雅致的雕栏玉砌,也许是气派不凡的镬耳古屋,也许是藏有故事的青石古巷……铭刻在各人心中的景致各不相同,有一点却是相通的,这秀丽的山水、古老的建筑,无一不是自然与人文的和谐融合。天与人,在松塘的每一处景观中,都浑然天成地结合在一起,体现了松塘人特有的人居美学,以及超凡的建筑智慧。 体现松塘人工匠精神的不只是登楼远眺之下村落的布局之工、规划之美,更表现在古韵民居一砖一瓦的砖石雕刻、灰雕石刻上,这都是松塘工匠精神的代表之作!
劳动意识：机缘巧丝、百年线业	松塘历来以纺织闻名于世,此地的灵山秀水,养育出勤劳聪慧、心灵手巧的人们。早在四五百年前,松塘制线业便已在纺织业占有了一席之地。传统的擦板制线业,正是在这座如诗画般的村庄中诞生。不论是头绳、鞋线,还是弦线、绣花线,全凭松塘人的巧手捻成。小小丝线,倾注了村民无数的心血和汗水,寄托着他们勤劳致富的梦想。时光荏苒,岁月流逝,松塘的制线业走过了数百个春秋,那些搓擦板、手摇木车的画面在人们的记忆中逐渐淡去,只靠手工捻线的生活已一去不返。唯一不变的,是松塘人对制线业的热忱和追求。这份执着的信念,支撑着松塘制线业在经历百年风雨后,仍然屹立不倒,焕发着绚丽的光彩。 更为重要的是,制线业既是松塘人民谋生的技艺,也是松塘村翰林文化诞生与传承的基石。制线业保障了村民的生活,为莘莘学子创造了良好的生活条件,使他们得以专注学业。可以说,没有辉煌的制线业,就没有松塘村灿烂的翰林文化。 同学们来到松塘,一定要亲自动手体验制线这一传统的手工行业,不仅可以追根溯源,了解农耕文明这一中华民族文化的根基,还可以顺着岭南丝织文化的发展脉络,来看松塘百年线业诞生的历史机缘和成长道路,探寻松塘翰林文化的根。

(六)课程安排

1. 行前准备

(1) 在老师或父母的帮助下对松塘进行简单了解。

(2) 简单了解中国建筑之美,并能用自己的语言简单描述。

2. 行中研学(表 5-11)

表 5-11 "厚德传承岭南松塘"行中研学

时间	活 动 安 排
上午	研学导师到校进班。 集合出发前往松塘,车程中研学导师介绍本次研学安排及注意事项。 开始厚德传承研学课程。 (1) 乐学善学:感受孔圣诞乐学仪式,营造自身善学环境。 松塘人对于知识和文化的信仰,并不止于精神上的崇尚,还通过各种各样的实践活动表现出来,给后世子孙营造良好的学习环境,其中之一就是每年都在孔子诞生这天举行的孔圣诞活动。在中国,我们尊崇孔子为先师,却很少为孔子定期举行纪念活动,在乡土村庄中更是少见,几乎没有听到过哪个村庄每年都将孔子诞生这一日作为盛大而隆重的纪念日。然而松塘就是这样一个特别的村落。 孔圣诞活动在村中的孔圣庙举行。庙前铺上大块的红色地毯,醒狮队表演热场,当孔圣诞庆典正式拉开帷幕时,村中的长者带头举行尊崇孔子的仪式。悠扬的音乐声飘送,教师带领百名学子,在孔圣庙前齐声朗诵《论语》。其后,又有学生身着古代的学士服,表演配乐朗诵《圣贤孔子》,整个仪式庄重而神圣。孔圣诞活动的高潮要数为各位大学生颁奖的仪式,松塘会为每年考上大学的学生颁发奖金。接下来,到场的学生"过翰林门,取翰林利,成翰林学士",学生走过翰林门,接过红包,这是一个美好的过程,寓意着松塘人对年轻人的关爱,对后辈们求学成才的祝愿。 如今的松塘,没有忘记圣贤和祖宗的谆谆教导,松塘大学生成长促进会、松塘子弟课余学习小组等,都实实在在地督促着村中的莘莘学子刻苦学习、志存高远。正是在这样的学习环境中,儒家的思想与文化传统深深地铭刻在松塘年轻后辈的心中,一代代地延续下去。
中午	午餐。
下午	(2) 批判质疑:从体验制线纺纱中思考松塘崇文重学的意义。 为什么在松塘如此崇文重学?为什么松塘有着如诗画般的自然环境?为什么松塘人那么重视现代技术的应用,成为享誉世界的"中国面料名镇"?我们不妨从过去的一段小故事来感悟一下。 从前,松塘的村民都会跟孩子说这样一段话:"如果你乖的话,等我们有钱了,就让你读书,否则就让你帮忙打线。"即便是最顽皮的小孩,听到这段话都会收敛起来。这段能收服调皮小孩子的话看似三言两语,简简单单,却是威力无穷。 带着对这个故事的疑惑,同学们来到制线厂,对比一下传统手工制线的过程和现代化制线技术,体验感悟学习现代技术、掌握知识、不断革新的重要性,在研学旅行手册上写下自己的感悟:

时间	活 动 安 排
下午	我是否做到了？ 　　学习知识，就是解决生活、工作中的问题并进行创新，下面这些创意性思维的做法你是否有过？如果有过就给自己一个奖励吧，如果没有，可以多问自己为什么，然后继续努力哦！ 　　①当生活中发现有不便之处时，会去想如何改变能够更方便。 　　②经常会把旧的东西改造成可以继续用的新东西。 　　③能够从多个方面思考问题，经常问为什么。 　　④事情完成之后还会继续思考有没有更好的做法，经常对自己说"不一定！"
晚上	晚餐。 老师组织开展一天研学所学所感分享。 休息。
次日上午	（3）审美情趣：百巷归源——用脚步和眼睛记录中国建筑之美。 　　同学们昨天在松塘，已经亲身体验了源远流长的翰林文化。如果说，翰林文化渗透在古村松塘的方方面面，那么，你们所见的景观、建筑，就是其最重要的承载者与诉说者，带给同学们松塘崇文重教之风最直接、最感性的认识。在古村内，彰显翰林文化的建筑，如镬耳古屋、孔圣庙、社学书舍、大夫家塾、太史第、功名碑等，处处可见，不胜枚举。今天，我们要用脚步和眼睛拓下这些建筑从布局到细节的美，知道感性中的美是怎么来的。 　　• 布局之美 　　岭南古居的布局，主要分为四种：梳式布局、密集式布局、围龙式布局和牌楼式布局。松塘是典型的梳式布局，俗称棋盘式布局，这种布局出现在清代，是指村落一般建于前低后高的缓坡上，后为山坡或风水林，前为长方形禾坪、半月形或不规则长圆形水塘，民居及公共建筑以横平竖直的巷道相隔，从而形成整齐划一、如梳子般排列的规整布局。在古村松塘，梳式村落布局得到了完整的体现。一条条清幽深邃的巷道将村舍整齐划一地分隔开来，巷子的数目达百条之多，这百条街巷以村心的池塘为中心点，向村子四周朝三面的岗峦发散性散开。村中人称这样的布局为"百巷归源"。说到"百巷归源"，就不得不提其中心所在——池塘，又称风水塘，风水塘延布数十亩，由村口到村尾，自东而西形成了村子的中轴线，并将村子南北几近对半而分。以风水塘为中轴线，村中的建筑分立于池塘两岸，由此构成了松塘村有序而美观的建筑分布格局。

续表

时间	活动安排
次日上午	对于亲水的岭南居民来说，风水塘成就了人居美学的典范，人与自然的和谐造就了村落建筑艺术的审美和精神价值。 • 装饰之美 　漫步村中，驻足于青石板路铺就的小巷里，一抬头便可见屋脊、墙檐、门边栩栩如生的灰雕，有人物，有风景，有花鸟，也有故事，虽然有些许斑驳、些许残缺，有世事变迁的沧桑之感，但也为这一间间普普通通的家户带来了灵动和生机。 　灰雕是一种传统的建筑装饰艺术，始于明代，盛于清代，一直延续至民国时期，广州、佛山、南海、顺德等祠堂、庙宇及大户人家都很盛行用灰雕做建筑装饰，这是一种典型的民间艺术形式。 　①屋脊之上的灰雕一般为象征吉祥的龙凤图案，这种盘亘在屋脊之上的神兽，其身几与整个屋脊同长，线条流畅，一气呵成，这种屋脊一般与镬耳墙相连。 　②屋檐及门边的灰雕则以花鸟鱼虫、渔樵耕读为主题，明丽活泼，朝气盎然，或表达美好愿景，或暗喻书香门第之雅致超凡，又或寄托活泼性情，不一而足。 　③门檐四角的灰雕被制成鸟或蝙蝠形态，口衔福环。 　④房屋内部的灰雕，是作为内墙的点缀，或者出现在天井四周的栏杆或栋梁上。由于在沿海地带，潮湿的天气和强风天气使得灰雕不易保存，所以就产生了另一种与灰雕相映成趣的雕刻艺术——砖雕。 • 雕刻之美 　砖雕是由东周瓦当、秦砖、空心砖和汉代画像砖发展而来的。早期砖雕是墓室装饰，至明代，则发展为建筑装饰。清代民间砖雕扩展到全国各地，其雕刻精巧，争奇斗胜，富贵华丽。清代后期，砖雕趋向繁缛细巧，具有绘画的艺术趣味。由于青砖在选料及雕刻工序上，质量要求比较严，所以坚实而细腻者才是适宜雕刻的材料。在艺术上，砖雕远近均可观赏，具有完整的效果。 　松塘村里，砖雕随处可见，如在山墙、大门两侧壁面、门楼、门檐等处，或独立存在，或与彩绘、灰雕、陶塑等共同装饰一处。其手法有高低浮雕、透雕和线刻等。内容有花卉、人物和动物等。如果说北方的砖雕风格粗犷、浑厚，那么岭南砖雕显出纤巧、玲珑的特点。 　从宏大的村落布局，到细小的民居装饰，古村松塘为同学们展现了形态不一又和谐融合的美。无论是气势恢宏的"百巷归源"、镬耳古屋，还是房屋上那寓意吉祥的精美雕刻，都承载着松塘人民在人居和建筑方面的智慧与理念，体现了松塘人民淳朴而雅致的审美情趣，难道这些不值得同学们在研学旅行手册上记录下来吗？ 　同学们用笔或者用相机，记录下松塘故居的美带给你的感动瞬间吧！
中午	午餐。 集合返校。

3. 行后分享

学生与父母分享活动心得；在学校开展松塘故居摄影展、主题分享会等后续活动。

4. 课程评价(表 5-12)

表 5-12 "厚德传承岭南松塘"课程评价

一级指标	二级指标		评价内容	分值	得分
自我管理 (30分)	文明素养	1	公众场所使用文明用语,不大声喧哗,维护公共秩序。	3	
		2	参观讲解时,专心倾听,仔细观察,不妄加评论。	3	
		3	人多时,按顺序边走边看,不推不挤,不妨碍他人。	3	
		4	爱护公共财物,保护古迹,做文明参观使者。	3	
	遵规守序	5	遵纪守法,安全意识强,遇事冷静,不侵犯他人隐私。	3	
		6	遵守行程要求,不随意离队,服从带队管理。	3	
		7	时间管理强,遵守时间节点,不影响活动流程。	4	
	生活能力	8	注意饮食健康,不乱吃零食。	4	
		9	生活有序,管理好自己的物品,不丢三落四,合理消费。	4	
实践活动 (40分)	实践能力	10	能够依据活动主题,自主选择恰当的活动方式开展活动。	6	
		11	学会用多种方法搜集、处理信息。	6	
		12	能够在自主探究的学习中,运用所学知识解决实际问题。	8	
	参与意识	13	参与活动踊跃,敢于尝试,乐于发表自己独到的见解。	5	
		14	认真对待小组分工,善始善终。	5	
		15	不怕困难,思维灵活,恰当选择解决问题的方法。	5	
		16	及时完成活动,积极参与交流分享。	5	
协作精神 (30分)	合作精神	17	小组成员团结协作,合理分工,乐于分享。	8	
		18	认真倾听同学的观点和意见,对小组学习做出贡献。	7	
	合作态度	19	关心同学,互相尊重,发挥优势,优劣互补。	7	
		20	主动承担组内工作,不推诿,有责任意识。	8	
合计				100	

(七)注意事项

1. 交通保障

组织方对汽车车队、车辆、司机服务进行综合评选后择优安排。

2. 餐饮保障

第一天午餐学生自带,确保食品安全。其余各餐应由合格验收餐厅供应,食品安全等级不低于 B 级,荤素搭配合理,营养全面,尽量符合学生的口味。

3. 人员保障

每车配备至少一名研学导师,研学途中注意防止学生掉队,研学导师与带队教师相互配合,共同承担研学旅行工作任务。

4. 住宿保障

承接研学活动的营地住宿为最佳选择,住宿期间注意后勤保障工作。

5. 学习效果保障

该课程涉及知识点较以往有一定难度,确保学生行前有一定的准备,研学导师行前有一定的介绍,行中尤其注意队伍中后方的学生。

课程四　华为——中国制造的骄傲

(一)研学目的地介绍

制造业是一个国家的经济主体,是立国之本、兴国之器、强国之基。自从十八世纪中期工业革命以来,世界强国的兴衰史和中华民族的奋斗史一再证明,没有强大的制造业,就没有国家和民族的强盛。中国必须具有国际竞争力的制造业,这是提升综合国力、保障国家安全、建设世界强国的必由之路。

《中国制造 2025》就是在新的国际国内环境下,国家立足于国际经济变革大势,作出的全面提升中国制造业发展质量和水平的重大战略部署。《中国制造 2025》是中国政府实施制造强国战略第一个十年的行动纲领。其中,十大制造业领域中排名第一位的就是新一代信息技术产业。本次研学的是我国制造业的领头企业之一,也是全球领先的信息与通信技术(ICT)解决方案供应商——深圳华为。

自 1987 年深圳华为创业初始,就专注于 ICT 领域,坚持稳健经营、持续创新、开放合作,在通信网络、IT、智能终端和云服务等领域为客户提供有竞争力、安全可信赖的产品、解决方案与服务,与生态伙伴开放合作,持续为客户创造价值,释放个人潜能,丰富家庭生活,激发组织创新。华为坚持围绕客户需求持续创新,加大基础研究投入,厚积薄发,推动世界进步。目前,华为有约 19.4 万名员工,业务遍及全球 170 多个国家和地区,服务 30 多亿人口。

2018 年 7 月 19 日美国《财富》杂志发布了最新一期的世界 500 强名单,华为排名第 72 位。2018 年"中国 500 最具价值品牌"华为居第六位。同年 12 月 18 日,世界品牌实验室编制的"2018 世界品牌 500 强"揭晓,华为排名第 58 位。2018 年 2 月,沃达丰和华为宣布完成首次 5G 通话测试;2019 年 8 月 9 日,华为正式发布鸿蒙系统。2019 年 8 月 22 日,2019 中国民营企业 500 强发布,华为投资控股有限公司以 7212 亿营收排名第一。

位于深圳的华为坂田中心(图 5-4)是企业界内流传的一个神奇的地方,华为每年诸多优秀终端产品与解决方案都从这里诞生。据说这里如世外桃源般美丽,每一位华为员工都享受着精致生活的乐趣。

所以今天就为大家揭开这座基地的神秘面纱,让我们感受真实的华为吧。

图 5-4 深圳华为坂田中心

(二)研学旅行课程内容

"华为——中国制造的骄傲"研学旅行课程内容如表 5-13 所示。

表 5-13 "华为——中国制造的骄傲"研学旅行课程内容

内容模块	内容概要
知识科普型	深圳华为坂田中心。

(三)课程说明

1．课程对象

高中一至二年级。

2．课程时间

1 天。

3．适用人数

100~300 人。

(四)课程目标

1．知识目标

(1)了解华为企业发展史、企业价值观、企业文化。

(2)学习时间管理、目标管理方法。

2．技能目标

运用时间管理、目标管理方法规划自己的学习生活。

3．情感目标

(1)感受华为脚踏实地、不断进步的信念及求实创新、敢于拼搏的精神。

(2)感受国货、"中国制造"的魅力,提升民族自豪感。

4．核心素养目标

(1)理性思维:崇尚真知,能理解和掌握基本的科学原理和方法;尊重事实和证据,有实证意识和严谨的求知态度;逻辑清晰,能运用科学的思维方式认识事物、解决问题、指导行为等。

(2)勤于反思:具有对自己的学习状态进行审视的意识和习惯,善于总结经验。

（五）课程内容

"华为——中国制造的骄傲"课程内容如表 5-14 所示。

表 5-14　"华为——中国制造的骄傲"课程内容

知识点	内　容　概　要
问题解决：从洋货到国货，从平凡到非凡	如果同学们问自己的爷爷奶奶、爸爸妈妈，"洋货"一词是否为上一个世纪对中国人生活有着巨大影响的词语，得到的回复应该是肯定的。那时候，洋货就意味着高端，高端意味着我们中国人要花高价去买。现在，在苹果、三星等同学们耳熟能详的手机品牌世界里，这样的观念可能依然成立。改革开放之初，我们生活中用到的电器、日用品，大部分都被洋货占领了。第一家从洋品牌的围困中挣脱的品牌当属海尔。改革开放 40 多年之后的今天，中国已经成为世界工厂，亚洲也成为全球制造业的主导，走向全球的中国品牌也越来越多，但不容忽视的是，在全球各大品牌百强榜中，主导者依旧是欧洲国家及美国、日本等。相同的制造实力，同样质量的商品，从洋货到国货，中国品牌的全球之路还需摆脱传统意义的"中国制造"。 　　目前华为排名超越了苹果和三星，在排行榜上大踏步前进。放眼世界 500 强企业，9 成的中国企业是靠原物料、中国内需市场等优势挤入排行榜，但华为，却是靠技术创新能力及海外市场经营绩效取得今日的成绩。华为手机全球销量连续两年破亿，其中 50% 左右的销量出口海外。 　　20 世纪 80 年代，"Made in Japan"风靡全球，以品质为基础，以设计为灵魂，以流程化管理为支撑，打造了一大批日本品牌。时至今日，这些品牌被越来越多的核心用户当作"信仰"。 　　华为的成功，一举让中国手机摆脱了"低端低价"之名。华为在欧洲国家、日本、美国都取得了不错的成绩。美国科技媒体 BGR 评价其产品"可媲美苹果"；《人民日报》称"它证明了中国制造的质量"；《时代》杂志称它是"所有电信产业巨头最危险的竞争对手"。华为让我们眼中的国货，成为别人眼中的洋货。 　　随着国际化进程的发展，国货渐渐走向了全球，华为手机覆盖全球 170 个国家和地区，老干妈同样在美亚卖到脱销。索尼、松下在 20 世纪 80 年代依靠产品品质让全世界消费者爱上了"Made in Japan"，如今，华为靠着一步步积累的口碑，让越来越多的人对"Made in China"情有独钟。 　　同学们在研学之后，应该相信这个世界没有一定之规，没有谁生来就是非凡，也没有谁生来就是平凡，没有谁永远是非凡，也没有谁永远是平凡。华为也是从一家小公司做起逐步做大。同学们，找到真实的自己，凭借勤奋和努力，发挥自己的潜能，你一样也能成为学霸，从今天起开始行动！就像华为 CEO 余承东所说，"你的追求决定你的未来，这个行业不进则退，今天不管你有多强大，未来还有人比你更强大；今天不管你多么弱小，不代表未来你不会强大。20 多年前，华为做梦都不敢想，会成为最领先的通信设备企业。华为定的都是挑战目标，大家感觉跳起来都够不着，结果却实现了，超越了挑战目标。" 　　华为对于目标设定的原则如下：

续表

知识点	内容概要			
	期望强度与结果之间的关系			
	期望指数	定义	表现	结果
问题解决：从洋货到国货，从平凡到非凡	0%	不想要	真的不想要或不敢要	当然得不到
	20%~30%	随便想	空想，随便说说，只说不练，不愿付出，不知从何开始	很快就会忘记自己曾经还这样想过
	50%	想要	有了最好，没有也罢，三分钟热度，遇困难退却，想天上掉馅饼	十有八九不成功
	70%~80%	很想要	真正的目标，但决心不够，特别是改变自己的决心不够，"等、靠、要"思想严重，经常认为曾经努力过，没实现就算了，很快改变目标	有可能成功，因为运气成功，也因为运气而失败
	99%	非常想	潜意识中还有一丝放弃的念头，决定了不能排除万难，坚持到底，直到成功	一步之遥，99%与100%的差别不是1%，而是100%
	100%	一定要	不惜一切代价，不到黄河心不死，不成功便成仁，目标达不成比死还难受	一定能寻找到成功的方法并达成目标
自我管理：华为时间管理法——鱼与熊掌兼得	现代社会，同学们要学的知识越来越多，要上的培训班也越来越多，要做的作业也越堆越高。同学们的学习生涯充满着"必须做""应该做"，如何合理安排学习时间和玩乐时间？这的确是个值得同学们深思的问题。 时间是最公平的，不论贫富贵贱，每个人每天所拥有的时间都一样多，时间又是最不公平的，每个人取得的成就绝不会一样，那是因为，每个人在时间观念上的认识不同。时间不能被累积，也不能重生，总是以相同的速度流逝着。 世界前进的脚步从不停歇，但无论对于哪一位同学，还是哪一个企业，一天都只有24小时。最成功和最不成功的人一样，一天都只有24小时，区别就在于他们如何利用这24小时。 时间管理并不是要把所有的事情做完，而是更有效地运用时间。时间管理的目的，除了决定该做些什么事情之外，还决定什么事情不应该做。 1987年，任正非在深圳创办了华为。经过几十年的奋斗，华为已成为全球领先的信息与通信技术解决方案供应商。任正非的成就引人注目。 第一，管理能力强。在他的精明管理下，华为逐步成为一个国际化企业。 第二，他毫不松懈地连续应用计划、组织、授权、激励、评价和控制等方法，显示了管理的专业精神。 第三，他在华为专门开设了时间管理课程，告诉员工应该如何合理分配时间，在对的时间做对的事情，迅速提高工作效率。 由此，同学们可以看到，良好的时间管理是成功的基础。			

续表

知识点	内 容 概 要
自我管理： 华为时间 管理法 ——鱼与 熊掌兼得	华为人的工作精神和对工作的探究程度是有目共睹的。对华为和华为人的研究越深入，我们就越意识到华为人的一个重要品质：华为人在工作中非常注重方法，并不断努力追求更高的工作效率。特别是华为人对时间管理的重视，是华为能够实现高效运作的重要原因。同学们此次走入华为，也一定被华为人高效而井然有序的工作状态震撼了吧！ 　　于是，我们今天就请华为人给同学们讲讲他们在工作中常用的时间管理技巧，结合自己的学习生活，看看能不能启发我们找到更加轻松自如、事半功倍的方法，既能出色地完成学习，又能享受品味生活的娱乐运动。现在同学们就学习华为时间管理法，做到"鱼和熊掌都能兼得"！

（六）课程安排

1. 行前准备

（1）在老师或父母的帮助下在网上查询一些华为的资料进行了解。

（2）了解华为人、任正非的故事，并用自己的方式做一个两分钟的介绍。

2. 行中研学（表 5-15）

表 5-15　"华为——中国制造的骄傲"行中研学

时间	活 动 安 排
早上	研学导师到校进班。 集合出发前往深圳，车程中研学导师介绍本次研学安排及注意事项。 在研学华为之前，请同学们在研学旅行手册上写下这样两个问题： ①你为小学、初中、高中制定的目标付诸行动了吗？ ②如何将学习目标转化为实际行动？ 然后带着这两个问题，开始我们的华为研学吧！
上午	（1）游览参观华为基地。 　　如果你以为华为基地里只有一幢幢简单的办公楼、一座座单调的厂房式的研发实验室，那就大错特错了！走进华为总部的大门，迎面而来的除了风格各异的办公楼，还有郁郁葱葱的树木，宛如一所大学校园，在这里办公心情也都格外舒畅。 　　基地内部满满都是完备的公共设施，门诊部、商业街、公共停车场……应有尽有，可以为员工提供生活上完备的保障，说它是个基地，其实更像一个社区！ 　　除了基础设施外，随处感受到的人文精神同样令人感慨——一块偌大的华为石碑矗立在此，气势磅礴，雄伟壮丽，展现了华为的创业历程及坚毅挺拔的品牌形象，来到华为基地，当然不能错过大名鼎鼎的百草园，公司员工生活区百草园堪称世外桃源，其取名自鲁迅的《从百草园到三味书屋》，园内种植的花草超过百种，让人眼前一亮！ 　　华为基地不仅办公楼漂亮，即使是宿舍楼群都分外别致。宿舍楼配备电影院、健身室、医院、图书室、游泳池、篮球场等设施，足不出户就能体验精致生活。

时间	活动安排
上午	不得不感叹,百草园宛如一个亲近自然的度假村。这里自然的生活环境、方便的生活设施及员工之间的和谐关系都令人心驰神往。午饭间隙走在林荫小道上,享受着大自然的清新空气,放松自己的心情,感觉沉醉。 接着,我们就来到了赫赫有名的华为大学即华为培训中心了,这座大楼位于百草园附近,当然华为还有自己的网上学校,通过这个虚拟的学校华为可以为分布在全世界各个地方的华为人进行在线培训。 看到那么多华为精英们欢快的笑脸了吗?你是否曾以为华为基地的员工是一群呆板的"程序猿",枯燥地进行每一天的工作?看到这些你就知道,这里的每个人都充满着正能量,充实的生活让他们对于工作更有激情! 回看这座神秘的基地,蓝天与白云,一座座精美的建筑,一片片繁茂的绿化,没有大城市中的喧嚣与污染的空气,即使作为一个外人都会感到满满的归属感,宛如家一般的温暖。 如果你认为这或许就是华为可以不断创造出优秀产品、不断研发先进科技的原因,只能说这只是华为企业研学中所看到的表面现象,现在让我们来认识一下华为真正的内涵吧!
中午	午餐。
下午	(2)目标管理、时间管理小游戏。 思考: ①你为小学、初中、高中制定的目标付诸行动了吗? ②如何将学习目标转化为实际行动? 规划贵在行动,平凡到达非凡。 《荀子·修身》中有云:"道虽迩,不行不至;事虽小,不为不成。"意思是,道路虽近,可是不行走就无法抵达;事情虽小,可是不作为就无法成功。我们在中学需要思考规划未来,但是无论目标大小都要靠实践去完成,只有脚踏实地,才能让梦想变为现实。 在研学完华为基地之后,大家回看自己的研学旅行手册,继续写下"目标九宫格"。 在同学们给自己设定的目标中,找到一个目前最想实现的目标。 根据华为期望强度与结果之间的关系图,请按照数字序号填写下表内容。 {{TABLE}} 目标实现行动记录卡: 请结合"目标九宫格",选择同一个目标,填写下面的表格,并作为实现该目标的自我行动记录,时时提示自己积极行动,达成目标,完成此次研学目的。

(4)达成目标的相关因素	(2)实现目标的期望指数(0~100%)	(5)拥有的条件
(8)实现目标可能遇到的困难	(1)选定的目标	(6)实现目标还需要的条件
(9)解决困难的途径	(3)实现时间	(7)获取条件的途径

续表

时间	活动安排	
下午	目标	
	实现时间	
	行动宣言	
	实现后的奖励措施	
	未实现的惩罚措施	
	行动监督人	

引导：华为首席管理科学家黄卫伟这样说道："对企业家或经理人来说，什么是最重要的事情呢？据我对华为任总的观察，他关注的是三件事：方向、节奏和用人。上述三件事情，每一件都关系到企业发展的全局。要处理好这三件事，关键在于不着急。重要决策失误的损失是无法弥补的，所以只有不着急才能来来回回想清楚，一次把事情做好。例如，关于企业的新产品开发，为什么有那么多新产品在商业上不成功？为什么上市时机一再延误？为什么开发过程中有那么多返工、修改需求、工程更改？一个重要原因就是我们在定义客户需求和定义产品规格时过于急躁。现在许多企业都在推行集成产品开发（IPD），但凡推行 IPD 的企业无不听到研发人员抱怨走 IPD 流程太慢，其实这是没有领会 IPD 的精髓。那么，什么是IPD 的精髓呢？就是从关注紧急的事到关注重要的事。什么是重要的事呢？就是识别顾客的真正需求，并把它转化为产品的规格。做重要的事一定不能着急，这就是为什么 IPD 在概念阶段和计划阶段设置了许多模板、流程推进得很慢的原因。西方公司的咨询顾问说得好，中国人有的是时间返工，却没有时间一次将事情做对。可见，我们是颠倒了重要和紧急的关系。"

有一年，任正非在华为中国研发部将废品作为奖金、奖品发给研发骨干。在大会上，他这样说道："今天研发系统召开几千人大会，将这些年由于工作不认真、BOM 填写不清、测试不严格、盲目创新造成的大量废料作为奖品发给研发系统的几百名骨干，让他们牢记。之所以搞得这么隆重，是为了使大家刻骨铭记，一代一代传下去。我建议'得奖者'，将这些废品抱回家去，与亲人共享。今天，它们是废品，洗刷过我们的心灵；明天，它就会成为优秀的成果，作为奖品奉献给亲人。牢记这一教训，我们将享用永远。"

自我时间管理游戏：

有位研究者发现学习时有以下时间陷阱，排序如下。

①拖拖拉拉；

②看电视；

③看手机；

④看 iPad；

⑤和朋友聊天；

⑥做白日梦/发呆；

⑦思考要如何做作业；

⑧身体上的问题（如生病等）；

时间	活动安排
下午	⑨睡觉； ⑩没有计划； ⑪等候别人； ⑫打电话； ⑬玩电脑。 同学们找一找，在研学旅行手册上写下自己的时间陷阱有哪些？同学们想一想，有哪些方法可以跳出时间陷阱，从而让自己的人生更有意义？请将你的想法写下来，和同学分享。 燕子去了，有再来的时候；杨柳枯了，有再青的时候；桃花谢了，有再开的时候。但是，聪明的你告诉我，我们的日子为什么一去不复返呢？当你读到朱自清的《匆匆》时，你感到时间的飞逝了吗？时间，从我们的指缝中悄然溜走，从我们的话语中轻轻掠过。在它无声无息地流逝中，想一想，我们做了些什么？ 昨天唤不回来，明天还不确实，你能把握的就是今天。 请同学们从现在做起，只有从现在开始，培养良好的学习习惯，提高学习能力，才能铸就未来的辉煌！在下表中写下你的一周学习计划。 制订人：　　　　　时间： <table><tr><td>一周学习目标</td><td>需要做的工作</td><td>按重要性排序</td><td>完成期限</td></tr><tr><td>1</td><td></td><td></td><td></td></tr><tr><td>2</td><td></td><td></td><td></td></tr><tr><td>3</td><td></td><td></td><td></td></tr><tr><td>4</td><td></td><td></td><td></td></tr></table>个人签名　　　　　审核日期： <table><tr><td>序号</td><td>目标</td><td>采取的行动</td><td>完成日期</td><td>未完成原因</td></tr><tr><td>1</td><td></td><td></td><td></td><td></td></tr><tr><td>2</td><td></td><td></td><td></td><td></td></tr><tr><td>3</td><td></td><td></td><td></td><td></td></tr><tr><td>4</td><td></td><td></td><td></td><td></td></tr><tr><td>备注</td><td colspan="4"></td></tr></table>集合返校。

3. 行后分享

(1) 学生分享自己的时间安排规划，并开展相应的目标落实评比活动。

(2) 开展"中国制造"主题演讲比赛。

4. 课程评价(表5-16)

表5-16 "华为——中国制造的骄傲"课程评价

	具 体 内 容	评 价
设计内容评价	前期学生相关资料搜集到位,对研学内容有一定的了解。	
	项目作品整体实现的可行性高,可操作性强,易实现。	
	研学方案完整,包括具体步骤、使用工具材料、关键问题及解决方案等。	
实施阶段评价	参与项目实施,本人在小组内有明确的分工,承担一定的工作任务。	
	组内严格按计划实施项目,学生自我调制和管理,提高效率。	
	团结合作,遇到问题主动与同学或教师沟通,解决技术问题。	
	运用有效的技术手段和方法达成项目目标,实现技术创新。	
	认真检查作品,发现问题及时修正解决。	
总结阶段评价	展示作品,汇总总结,成果达成预期目标。	
	对照评价标准,对项目成果进行评价并进行自我评价。	
	整体表现态度端正、知识吸收很好、能力有较高的提升。	
备注	非常符合5 比较符合4 符合3 比较不符合2 非常不符合1	

(七)注意事项

(1)注意引导学生多思考,给学生留有足够的时间和空间。

(2)研学旅行手册在本次课程中发挥了很大的作用,注意备齐所有需要的卡片。

课程五 爱我中华,研学民族传统文化
——千家苗寨古风韵

(一)研学目的地介绍

同学们是否经常听到这样一首耳熟能详、朗朗上口的民歌,它的名字叫作《爱我中华》,歌中是这样唱的:

"五十六个星座,五十六枝花/五十六族兄弟姐妹是一家/五十六种语言汇成一句话/爱我中华爱我中华爱我中华。"

中国是个多民族国家,共有56个民族。古往今来,人类社会在漫长的历史演变中,始终面对着文化差异和社会生活多样的客观现实。少数民族传统文化是民族文化的重要组成部分,少数民族传统文化的保护与传承对于民族文化的发展具有重要的意义。建设统一的多民族国家是全国各族人民的共同愿望,民族文化是一个民族在长期发展过程中沉淀的产物。只有保护少数民族传统文化,尊重各民族传统文化的差异性,才能使少数民族传统文化和汉族文化在交流中走向融合,促进文化共同繁荣,为统一的多民族国家建设奠定思想文化基础。

和谐社会当然包括各民族和谐相处。在一个多民族国家,各民族的和谐相处是减少社会矛盾、建构和谐社会的前提。保护和传承少数民族传统文化,正是实现少数民族文

化之间、少数民族文化与汉族文化之间的和谐,最终将建设"精神家园"落到实处,共建和谐社会的重要手段。

少数民族文化中的特色村寨在民居风格、村寨风貌及民俗习惯等方面都集中体现了少数民族经济社会发展的特点,相对完整地保留了少数民族的文化基因,形象生动地展现了中华文明的多样性,是传承民族文化的有效载体。因此,让同学们了解少数民族特色村寨,让更多的人来推进少数民族村寨的保护与发展工作,是新时期保护、弘扬和发展民族传统文化的重要举措,是促进少数民族和民族地区经济社会发展,提高人民群众生活水平,全面建成小康社会的重要抓手。

今天,我们给同学们选择了这样的一个少数民族特色村寨,那就是中国苗都——西江千户苗寨。大家都喜欢过节,因为每逢节日总有好看的表演和好吃的食物。苗族几乎月月有节日,季季有集会。西江是苗语里面"鸡讲"的音译,意思是苗族西氏支系居住的地方。西江千户苗寨位于贵州省黔东南苗族侗族自治州雷山县东北部的雷公山麓,聚居在西江的苗家有1000多户,人口逾6000人,是名副其实的千户寨,也是中国最大的苗族聚居村寨(图5-5)。

图5-5 西江千户苗寨风景

同学们来到西江,首先看到的是其规模巨大、气势恢宏的建筑群。自山顶直铺到山脚,密密麻麻的吊脚楼将整座山都包裹起来,国内外建筑专家称其为民族建筑的"露天博物馆"。这里的房屋大多是用枫木搭成的,依山势向两边展开,暗红色的枫木墙壁在夕阳的照射下一片金黄。等到傍晚时分,寨子里炊烟四起,汇集在半空中如云如雾,而到了夜晚,伴着星星点点的霓虹,夜色中的吊脚楼更加撩人。

不同地方苗寨的服饰大不相同,西江千户苗寨的上装被称为"乌摆",在其衣袖、衣边及背上均绣着龙、虎、羊等动物图案,沿托肩镶长方形花草图案,袖口宽大,为无扣交叉大领衣。同时,袖、肩部位还点缀着各种图案的银花片,配以银项圈、银镯等。西江千户苗寨的下装为百褶裙,外面罩有24条红底花飘带,上面绣有花、鸟、鱼、蚌、龙、凤等图案。这些做工精细、花色考究的苗绣既记录了历史,也成就了艺术,被赞誉为"穿在身上的无字史书"。

苗族的银饰,堪称中国民族文化之一绝,其与苗家吊脚楼、苗族古歌一起被列为世界非物质遗产。在西江千户苗寨,几乎每家每户都有银饰收藏,他们认为银饰可以避邪、祛毒、防止瘟疫。即使在最僻远的地区,女子在出嫁时也能戴一套银饰。在日常的装扮中,西江苗女必然会头戴银簪、银梳、三五束银花、数朵垫头巾的银花牌、两朵银花鬓夹及银耳环等。到了盛大的节日,姑娘们佩戴银冠、银角和银凤雀等头饰,连小姑娘都头戴华丽的银冠。行走时,银花颤动,叮当作响(图5-6)。

(a)　　　　　　　　　　　　(b)

图 5-6　苗族的银饰

对于西江的男子而言,除了修建吊脚楼外,还有一门必学的绝活,那就是打造银饰。他们的铸银技艺世代相传,很多人从小就跟随父辈学习打银,不到 18 岁就已成了手艺精湛的银匠。其中控拜村,是中国苗乡闻名的银匠村。西江人做出的银饰不但细腻、耐看,而且人物、动物、花鸟等图案十分生动传神,浮雕纹样立体感强,又不见刀痕锉迹,打造技术可谓出神入化。

西江千户苗寨四面环山,梯田依山顺势直连云天,白水河穿寨而过,将西江苗寨一分为二,寨内吊脚楼层层叠叠,顺山而建,又连接成片,气势恢宏。形成了其独特的背靠青山、脚踏玉带、一水环流的风貌。苗族农耕、节日、银饰、服饰、歌舞及其遗风古俗在这里世代相传,中外人类学和民俗学者认为此处是苗族原生态文化保存比较完整的地方。

美丽的自然风光、浓郁的民族文化特色,使西江千户苗寨拥有了"用美丽回答一切,看西江知天下苗寨"的美誉,2014 年,西江村被国家民族事务委员会评定为"中国少数民族特色村寨"。

(二)研学旅行课程内容

"爱我中华,研学民族传统文化——千家苗寨古风韵"研学旅行课程内容如表 5-17 所示。

表 5-17　"爱我中华,研学民族传统文化——千家苗寨古风韵"研学旅行课程内容

内容模块	内 容 概 要
知识科普型	1. 西江苗族博物馆; 2. 西江千户苗寨群落; 3. 风雨桥。
自然观赏型	西江梯田。
体验考察型	1. 西江吊脚楼; 2. 苗族文化体验馆; 3. 苗族古歌堂。
文化康乐型	1. 民族歌舞表演场; 2. 西江苗场观景台。

(三)课程说明

1. 课程对象

初中一至二年级。

2. 课程时间

1天。

3. 适用人数

100~300人。

(四)课程目标

1. 知识目标

(1) 了解苗族古村寨的布局。

(2) 培养理性思维,提高乐学善学的意识。

2. 技能目标

(1) 通过研学西江苗族博物馆,提升社会责任感和使命感。

(2) 深入苗族古村寨,感受不一样的文化氛围。

3. 情感目标

(1) 感受少数民族风情、西江苗寨独特的风格,感受我们国家民族文化的多样性。

(2) 挑战极限,增强意志力和毅力,激发潜能,培养克服困难的勇气。

4. 核心素养目标

(1) 审美情趣:能理解和尊重文化艺术的多样性,具有发现、感知、欣赏、评价美的意识和基本能力;具有艺术表达和创意表现的兴趣和意识,能在生活中拓展和升华美。

(2) 健全人格:具有积极的心理品质,自信自爱,坚忍乐观;有自制力,能调节和管理自己的情绪,具有抗挫折能力等。

(五)课程内容

"爱我中华,研学民族传统文化——千家苗寨古风韵"课程内容如表5-18所示。

表5-18 "爱我中华,研学民族传统文化——千家苗寨古风韵"课程内容

知识点	内 容 概 要
社会责任、国家认同:研学西江苗族博物馆	同学们来到西江苗寨,能直观感受到的是村落建筑风貌和街上琳琅满目的民族工艺品。村寨发展的历史脉络、传统生计方式、宗教文化习俗、名人事迹等物质与非物质文化只有到西江苗族博物馆中才能追寻。西江苗族博物馆是中国民族博物馆的分馆,占地面积3000多平方米,建筑面积1700平方米。 西江苗族博物馆于2008年9月正式开馆,主要展示苗族文化、习俗、艺术、文物等,是一座集学术研究、交流、参观与表演等为一体的中型苗族博物馆。 博物馆主楼是由长廊连接起来的六栋单体两层建筑物组合而成,设有两个综合馆和苗族历史文化馆、苗族服饰银饰馆、苗族节目馆、苗族婚俗馆、苗族信仰祭祀馆、苗族农耕器具馆、苗族名人馆、苗族乐器馆、苗族体育馆、苗医苗药馆10个分馆。

续表

知识点	内 容 概 要
社会责任、国家认同：研学西江苗族博物馆	从博物馆可了解到，西江苗族人民认为自己是蚩尤的后代，是从黄河中下游地区历经多次迁徙之后才到达西江。博物馆有一件镇馆之宝——一块残碑"天书"，这块残碑"天书"一直无人读懂。 据博物馆工作人员介绍，此残碑是2004年雷山县方祥乡陡寨村民杨炳森在雷公山上雷公坪拾得，残碑上刻有10个字，因无人读得懂而被称为"天书"，后被收藏进西江苗族博物馆。此外，多年前，杨炳森的邻居也在同一地方捡到一块残碑，残碑严重破损，其上也刻有4字，同样被收藏进西江苗族博物馆。 "残碑被称为雷公山'天书'，有待专家来破译。"西江博物馆工作人员称，雷公山麓一直流传有古苗文说、诸葛孔明碑说和张秀眉碑说，"天书"是否与此有关联，不得而知。但从两残碑的材质、风格、年代等特征推测，他们应该出自一块石碑，因其神秘，收藏进博物馆后，残碑"天书"就成了西江苗族博物馆的镇馆之宝了。 西江苗族博物馆保存了西江苗族丰富的历史文化记忆，是同学们认识西江、了解西江的基本途径，可以说，不到西江苗族博物馆就不知西江事。
审美情趣：苗家欢歌放异彩	民族歌舞表演场位于苗族博物馆西面，是西江民族歌舞表演的主要场所，表演场以西江千户苗寨作为大的背景，四周修建的廊亭作为小背景，占地总面积13000平方米，建筑面积3000平方米。现在这里已成为西江苗族人民举行重大节日的地方，每天，会为来自全世界各地的人民表演两场"美丽西江"晚会，向大家展示苗族风情和苗族文化。 "美丽西江"晚会是一台大型原生态苗族情景歌舞剧，全景展示了苗族从诞生、迁徙、定居和生活的过程，分为枫木化蝶、迁徙、西江风情、苗乡锦绣四场，节目包括苗族迁徙、祭祀、铜鼓舞、互动节目、苗族情歌、古瓢舞、苗族婚嫁习俗、苗族长桌宴、芦笙舞、木鼓舞、苗族盛装展示等。晚会第一场枫木化蝶，讲述枫树孕育而生蝴蝶妈妈，以及苗族的人类起源故事；第二场迁徙，讲述蚩尤与黄帝大战失败后苗族人民向南方历尽千辛万苦的迁徙；第三场西江风情，展示西江苗家的婚姻、节日、宗教信仰、饮食等习俗；第四场苗乡锦绣，是西江各种服饰的华丽展演。西江苗族人民能歌善舞，人人会唱歌，个个会跳舞，几千年来，歌舞伴随着苗族的历史，生动地反映出苗族人民的生活。可以说"看美丽西江晚会，方能领略西江苗族文化"。
理性思维、乐学善学：苗族古村寨的布局	汉族地区的古村镇多是在风水学说的影响下营建的，觅龙、察砂、观水、点穴、取向是汉族地区村镇风水选址的五要素，汉族地区风水学说从明代开始盛行于江西、福建等地，此时苗族人已经迁徙到西江定居，西江苗寨的选址应该与汉族风水理论没有关系。但是，村落选址的一些特征却与汉族的风水理念不谋而合。西江苗寨的风水理念主要体现在"依山傍水"四个字上。 西江主体建筑群选择建在两座坐北朝南的山地，白水河环绕山脚而过，这与汉族的风水理念有异曲同工之妙。苗族先辈们村寨选址要考虑的因素，一是防洪排水，二是冬季能够获得较多的日照时间，三是农业生产的需要。 西江苗寨早期的村寨布局是以农村生产生计方式为基础的，空间组织上没有人为的秩序，而是因地制宜，顺应自然。从整体上看，村落以白水河为轴线，居民分布于两岸山地，其中东北岸山地民居最为密集，河谷地区为水稻种植区。

续表

知识点	内 容 概 要
理性思维、乐学善学：苗族古村寨的布局	民居建筑布局：各家各户的房屋都尽量建在较高的山地上，避免占用宝贵的耕地，因此，建筑布局都十分紧凑，每户人家基本上都是一栋二层或三层的吊脚楼，没有院落。各户建筑房屋时均不改变原来地貌，顺山势而建，房屋大致上沿等高线排列，屋顶的坡向也随山就势，这样既可以保持山体的形态，又能维护坡面的生态系统的完整，同时还能使建筑形态与山体的自然形态高度和谐统一，令人叹为观止。 道路布局：古村寨的道路没有实现规划，而是依据民居的布局和地势的走势决定，与现代村镇建设先规划道路完全不同。道路是由房屋之间的间隙地带连接而成，横向的道路多沿等高线走势，纵向的上下道路用鹅卵石、石板铺就的小道或台阶构成，宽窄不一，线路自由。上下房屋多不是规整排列，自由的台阶和小路穿插在各家各户之中，为村民在村中的往来提供了方便。迂回曲折、不断向上的小道，给同学们带来变化无穷、柳暗花明的感受。

（六）课程安排

1. 行前准备

（1）在老师或父母的帮助下在网上查询一些苗族的资料进行了解。

（2）了解其他任一少数民族的特色活动，并能做简单的描述。

2. 行中研学（表 5-19）

表 5-19 "爱我中华，研学民族传统文化——千家苗寨古风韵"行中研学

时间	活 动 安 排
早上	研学导师到校进班。 集合出发前往西江，车程中研学导师介绍本次研学安排及注意事项。 开始千家苗寨古风韵研学课程。
上午	1. 乐学善学：游中学——苗族博物馆、苗族文化体验馆 　　西江苗族博物馆位于西江千户苗寨景区内，由具有典型苗族建筑风格的六栋单体两层建筑群组合而成，一楼为砖混结构，二楼为木质结构，外观为苗族独特的吊脚楼。馆内设有展厅 11 个，分别为前厅、历史厅、生产厅、节日厅、歌舞厅、建筑技艺厅、服饰银饰厅、体育苗医药厅、巫文化宗教信仰厅、生活厅、多媒体多功能厅，生动地展现了西江地区苗族传统文化。 　　相传苗族先民是早期开发长江与黄河中下游的民族之一，女娲、太昊、少昊、九黎部落都是苗族的主源。文明顿开之初的涿鹿部落兼并战后，九黎等部落南下艰难西徙数千年之久，大部分融入中华夏族，部分融入西北、西南各少数民族，其主干发展成为苗族、瑶族和畲族。西江苗族同样来自大江大河入海口处，跨过江河，翻山越岭来到了黔东南雷公山下，并采取联姻的方式，征得先迁居者灵良苗族的许可，在西江定居下来。 　　在博物馆的体育苗医药厅，我们可以看到很多苗医、苗药的展示，通常我们知道有中医、中药、藏医、藏药、蒙医、蒙药等，其实苗族也是有苗医和苗药的，这些就是苗族人民经过几千年积累下来的民间智慧。 　　在建筑技艺厅，我们可以看到很多关于苗族建筑的图文介绍与实景展示，苗族的建筑与渝帆老家(重庆)的吊脚楼颇为相似，都是穿斗结构，一栋房子都不用一颗铁钉，而且这些建筑基本都是建在半山腰、悬崖之上，这里平地少，要用来种粮食，所以居住的村子一般都位于山上。

续表

时间	活动安排
上午	西江苗族博物馆占地3000余平方米,总投资400多万元,馆内收藏文物种类丰富多样,记录着苗族文明的进程,珍藏着苗族文明的成果。作为历史文化的积淀,西江苗族博物馆不仅是现代社会文明进步的重要标志,而且是保护和利用文物资源传承民族文化的宝贵基地,是弘扬历史文化和加快先进文化建设的一个重要载体。 在西江已经建立了鼓藏头博物馆、活路头陈列室、农民画家、银饰坊、酿酒坊、蜡染坊、刺绣坊等一系列可供同学们参观、体验民族文化的场馆。此外,西江还加强了对迎宾、敬酒、巡游、唱古歌、飞歌、情歌等苗族文化元素的展示。 (1) 在研学旅行手册上写下56个民族名称歌诀,大家可以在研学路上学一学,相互考一考。 　　　　　汉满傈僳景颇壮,高山普米锡伯藏; 　　　　　毛南布依维吾尔,仡佬仫佬蒙古羌; 　　　　　乌孜别克俄罗斯,保安独龙京东乡; 　　　　　哈尼彝苗鄂伦春,裕固朝鲜傣阿昌; 　　　　　鄂温克水德昂怒,基诺赫哲土布朗; 　　　　　塔塔尔白回土家,达斡尔畲黎珞巴; 　　　　　拉祜纳西塔吉克,哈萨克佤瑶撒拉; 　　　　　我国民族五十六,柯尔克孜侗门巴。 (2) 不同的少数民族有其特有的待客礼俗,请同学们在参观完博物馆后,想一想,连一连。 | 藏族 | 佤族 | 白族 | 土族 | 苗族 | |---|---|---|---|---| | 家中来客人时,主人会斟三道茶待客。 | 家中来了尊贵客人时,主人会给客人敬献哈达。 | 家中来了贵客,主人会请客人喝牛角酒。 | 客人光临,主人立即用托盘端来三杯酒敬客。 | 敬茶时,主人会先饮上一口,打消客人的顾虑,然后请客人自饮。 | (3) 有很多表现我国少数民族风俗习惯的影视作品,同学们都看过哪些影片?影片介绍了哪些民族及其礼俗?请你在研学之前搜集相关信息,推荐给其他同学一起观看吧。 | 《五朵金花》 | 1. 民族: 2. 礼俗: | |---|---| | 《阿诗玛》 | 1. 民族: 2. 礼俗: | | 《冰山上的来客》 | 1. 民族: 2. 礼俗: | | 收集的民族电影海报 | |

续表

时间	活动安排
中午	午餐。
下午	2. 最美民族古村、穿越千户苗寨、趣味定向活动 　　西江千户苗寨作为世界第一大苗寨,分为平寨、乌嘎、干羊、东引、也通、羊排、也东、水寨、也薅等8个自然寨,寨寨相连、户户紧靠。各自然寨住户相连,木质吊脚楼群依山而建,层层相叠、鳞次栉比,气势恢宏,独具特色。今天,同学们来到西江苗寨,我们将以一种非常新颖的体育运动方式,走进这个神秘的苗都。 　　1918年,瑞典一位名叫吉兰特的营地教育者组织了一个叫作"寻宝游戏"的活动,引起参加者的极大兴趣,这便是定向运动的雏形。 　　由于这个活动的组织方法简便,不仅能提高野外判定方向的能力,还能够培养和锻炼勇敢顽强的精神,提高人的智力、体力水平。开展定向运动不需要像开展其他体育项目那样在场地与器材上支付大量经费,且娱乐性与实用性兼备,因此日益受到军队的重视,并且很快地在民间流传开来。 　　定向运动就是借助指北针与定向地图按照地图顺序到访所标示的实际位置,用时少者优胜的一项运动,被比喻为一种"跑着马拉松下国际象棋"的综合性运动。定向运动主要在森林、公园、校园或者古村落进行,亲近自然,回归自然,认识自然,从而养成良好的环境保护意识及运动习惯;不仅可以快速提高同学们的跑、跳等运动能力,更能促进团队的合作和交流。 　　对,我们这次就是要组织同学们在苗寨开展一次苗寨定向穿越的体验活动,那么我们究竟怎样开展这次定向活动呢?需要做哪些准备工作?具体内容又有哪些呢? 　　活动主题:定向穿越、畅游古村落,你能闯几关? 　　准备: 　　①学习定向越野基础知识及基本技术; 　　②简单的热身运动。 　　学会判定方位:判定方位不只是军人必须具备的一项技能,也是我们在日常生活中的必备技能。在战场上,尤其是夜间,如果东西不分,南北不辨,很可能误入敌人的包围圈,导致不可想象的后果。判定方位就是辨明站立点的东、西、南、北方向,明确站立点与周围地形的位置关系。定向运动中同学们要学会用指北针判定方位,判定方位时,将指北针平放,待磁针完全静止后,磁针北端所指的方向就是北方,如果测定方位的人面向北方,则他的背后就是南,右边是东,左边是西。 　　领取定向地图:凭"苗疆地图"与路书进入千户苗寨,在地图指引下体验定向游戏和苗疆情境故事,还有缤纷的特色美食,同时体验银饰制作、蜡染、酿酒、苗药调制等传统手工艺,寻访神秘苗疆,寻找失落的文明和原生形态的美。 　　目标: 　　①建立积极、健康、融洽的人际交往氛围,互相关心照顾,精诚合作;群策群力、调查研究,认真计划,寻求解决问题的有效方法和手段。 　　②挑战极限,增强意志力和毅力,激发潜能,培养克服困难的勇气。 　　③帮助同学们理清角色,合理分配和运用资源。强化学生的团队角色意识。 　　④理解个体与团队、小团队与大团队的关系;培养学生在面临不同局面、不同环境和不同阶段时始终保持团队合作的精神和坚持不懈的意志。

时间	活动安排
下午	⑤培养全局观念,以团队利益为先,乐于奉献。人尽其才,找正确的人做正确的事。没有完美的个人,只有完美的团队。 ⑥团队精神在一个班级主要表现为班级凝聚力,每个人要尽职、尽责、尽心。 ⑦当1+1小于2时,反思什么是团队精神的敌人?没有完美的个人,只有完美的团队。 延续: 征集游记、绘画作品、摄影作品、美食记录并评选! 当同学们完成了此次苗寨定向寻宝活动之后,你们知道了苗族的哪些礼俗呢?知道了苗族的哪些传统民族文化呢?将自己的游记、绘画作品、摄影作品、美食记录等收藏在研学旅行手册里吧! 我心中最美的苗寨、最美的吊脚楼 [ ] 最令人难忘的苗寨美食 [ ] 最美的苗族服饰 [ ] 最难忘的苗寨瞬间 文字记录 [ ]
	集合返校。

3. 行后分享

学生与父母分享活动心得；开展少数民族特色摄影展等活动。

4. 课程评价（表 5-20）

表 5-20 "爱我中华，研学民族传统文化——千家苗寨古风韵"课程评价

	主要内容	评　价
研学旅行活动整体评价	本次活动与教学知识有较高的契合度，主题明确，具备挑战性、持续研究性、真实性。	
	作品的外观设计新颖有特色，能突出产品的内在价值。	
	本次活动合理利用资源，绿色环保。	
	本次活动对生活学习意义重大，能解决生活、学习中重要的或急需解决的问题。	
教师研学教学过程评价	行前教师准备充足，有完整的计划方案、实施步骤及技术解决方案。	
	行中为活动实施创设情境，激发兴趣，调动学生实施项目的积极性。	
	行中组织学生严格按计划实施项目，加强过程监控和管理，学生参与面大，效率高。	
	行后有评价标准，对项目作品点评到位，指出优缺点。	
	整体表现经验丰富、教学娴熟、态度端正。	
自我研学活动表现评价	行前搜集资料完整，认真完成了老师作业。	
	行中明确任务，积极参与活动，本人在小组内有明确的分工，承担一定的工作任务。	
	行中团结合作，遇到问题主动与同学或老师沟通，解决技术问题。	
	行中运用有效的技术手段和方法达成项目目标，能够技术创新。	
	行后展示作品，汇总总结，成果达成预期目标。	
	整体表现态度端正、知识吸收很好、能力有较高的提升。	
备注	非常符合 5　比较符合 4　符合 3　比较不符合 2　非常不符合 1	

（七）注意事项

1. 交通保障

组织方对汽车车队、车辆、司机服务进行综合评选后择优安排。

2. 餐饮保障

午餐供应方应为合格验收餐厅，食品安全等级不低于 B 级，荤素搭配合理，营养全面，尽量符合学生的口味。

3. 人员保障

每车配备至少一名研学导师，研学途中注意防止学生掉队，研学导师与带队老师相互配合，共同承担研学旅行工作任务。

课程六　一山、一水、一圣人——文化圣地、研学山东

（一）研学目的地介绍

早在2500多年前，孔子就发出了"有朋自远方来，不亦乐乎"的诚挚邀约。今天，研学导师就带着同学们穿越多彩山东，俯瞰齐鲁大地，来感受文化圣地的魅力与精彩。

山东省的轮廓，有像箭镞、像骆驼、像马等不同的说法，初看时，会大致看出一只雏鸟的形状，再仔细看，或许还可以领会到其勃发的鹰姿。

如果我们把山东省的轮廓看作是一只从风欲飞的雄鹰，便会看到这只雄鹰的上半身伸入大海，下半身嵌入大地。海洋代表着开放和外部文化、土地代表着坚守与传统。山东既经历了外来文化的洗礼，又具有深厚本土文化的积淀，这是山东区别于山西这样的内陆省和广东这样的沿海省的原因。

泰山从这里崛起，

黄河从这里入海，

孔子从这里诞生。

这就是山东给同学们留下的深刻的第一印象。

山东是位于我国东部、地处黄河下游的沿海省份，西接中原腹地，东临黄海、渤海之滨，与朝鲜半岛、日本列岛隔海相望。全省总面积15.79万平方公里，约占全国陆地总面积的1.6%。近海海域面积17万平方公里，比陆地面积还大。海岸线达3000多公里，占全国海岸线的1/6。

山东是中华文明的重要发祥地之一。人类在齐鲁大地活动的历史可以上溯到40万年以前的远古时代。闻名于世的北辛文化、大汶口文化和龙山文化，都以大量的远古遗存，证实了史前海岱地区人类文明成果之富集。孔子、孟子、墨子、管仲、晏婴等古圣先贤，辉映齐鲁大地，光照华夏千秋。他们创立的学术思想，不仅成为齐鲁文化的重要组成部分，也是中国传统文化的瑰宝和精华。孔子创立的儒家思想，更是影响了中国社会2000多年，并产生了深远的世界影响力。

人文的山东古朴厚重，自然的山东也刻着深深的文明印记。泰山，五岳独尊，昂头天外。"泰山安则天下安"，这座雄浑的山脉承载了中国太多朴素美好的祈愿。黄河，这条中华民族的母亲河，在山东境内绵延600多公里，浩浩荡荡汇入渤海，并在这里，连接起了黄色文明与蓝色文明，实现了中原文化和海洋文化的交流融合。而且，黄河每年向大海延伸造陆，使黄河三角洲成为中国仍在生长的、年轻的土地。泰山、黄河、孔子，不仅是山东的自然地标和文化符号，更是融入炎黄子孙血脉中的共同文化基因，这些元素使得齐鲁大地蕴含着中华文明的精神，闪烁着传统文化的神韵。

齐鲁地域文化是在一定历史条件下以地域特点为基础形成的文化。山东人用三句话概括自己的地域文化特色："泰山在这里崛起、圣人在这里诞生、黄河在这里入海。"可以说，因为齐鲁悠久的历史、丰富的思想学说和文化风尚，从而创造了其不同区域、不同文化特质的文化。这些地域文化多姿多彩、内涵深厚。

(1) 泰山文化——天人合一和帝王文化色彩的文化。

泰山位于华北大平原东侧、山东省中部,横亘于泰安、济南两市之间,总面积426平方公里。主峰玉皇顶海拔1545米,相对高差1391米(图5-7)。

(a)

(b)

图5-7 五岳独尊——泰山

泰山是一座"文化山",其与中华文明血脉相连。历代统治者和广大民众都采取种种仪式,表达对泰山的景仰与膜拜,由此形成了颇具特色的"泰山文化",形成了它特有的崇拜风尚、封禅风尚、宗教风尚、民俗风尚、艺术风尚。

(2) 孔孟文化——创建仁义、礼制思想的文化。

孔孟文化主要是指以孔子、孟子为主体的思想文化与孔孟生活地域共同产生、演变和发展起来的地域性文化(图5-8)。

战国时期是一个诸子并起、百家争鸣的时期,春秋末期儒家学派的创始人、伟大的思想家和教育家孔子,从小在母亲的教育下,刻苦学习,奋发进取。孔子一生努力追求为政和做人之道,他主张学以致仕,希望施展自己的政治抱负。孔子的思想对中华民族的文化结构、伦理道德等产生了深远的影响。孟子以孔子的护法者和儒家的卫道者自居,对孔子的思想进行了继承和发展,成为孔子之后又一著名的儒学大师。

(a)

(b)

图5-8 孔孟文化建筑

生于斯、长于斯的齐鲁儿女,善良淳朴,热情好客。山东人最爱唱的是《谁不说俺家乡好》,山东人最爱听的是山东快书《武松打虎》,山东人最爱说的是"有朋自远方来,不亦乐乎。"

同学们,让我们一起来山东追寻中华文明的辉煌足迹,领略当代山东的迷人风采。

(二) 研学旅行课程内容

"一山、一水、一圣人——文化圣地、研学山东"研学旅行课程内容如表5-21所示。

表 5-21 "一山、一水、一圣人——文化圣地、研学山东"研学旅行课程内容

内容模块	内 容 概 要
自然观赏型	"一山"——五岳之尊泰山： 1. 东岳岱庙； 2. 封禅古道； 3. 岱岳极顶； 4. 西溪山水； 5. 天烛仙境； 6. 桃花峪。
文化康乐型	"一水"——泉城济南： 1. 趵突泉； 2. 黑虎泉； 3. 五龙潭； 4. 珍珠泉。
励志拓展型	"一圣人"——孔孟之乡： 1. 三孔； 2. 孟子故里； 3. 峄山。

（三）课程说明

1. 课程对象

初中一至二年级。

2. 课程时间

1天。

3. 适用人数

100～300人。

（四）课程目标

1. 知识目标

(1) 了解济南人的习俗、个性、历史渊源、文化底蕴。

(2) 了解泰山精神。

(3) 学会批判质疑、自我管理。

2. 技能目标

(1) 通过活动，培养独立自主的生活技能。

(2) 通过了解圣城曲阜，提升辩证看待问题的能力。

3. 情感目标

(1) 体会"会当凌绝顶，一览众山小"的畅快淋漓，树立不屈不挠的精神。

(2) 体会曲阜深厚的文化底蕴，培养坚定的民族认同感。

4. 核心素养目标

（1）国家认同：具有文化自信，尊重中华民族的优秀文明成果，能传播弘扬中华优秀传统文化和社会主义先进文化。

（2）乐学善学：能自主学习，具有终身学习的意识和能力等。

（3）健全人格：有自制力，能调节和管理自己的情绪，具有抗挫折能力。

（五）课程内容

"一山、一水、一圣人——文化圣地、研学山东"课程内容如表 5-22 所示。

表 5-22 "一山、一水、一圣人——文化圣地、研学山东"课程内容

知识点	内容概要
勇于探究、自我管理、审美情趣：一山——五岳之尊泰山	泰安市位于山东省中部的泰山南麓，北依山东省会济南，南临儒家文化创始人孔子故里曲阜，东连瓷都淄博，西濒黄河，是古代齐鲁的中心地带，是一座历史文化名城。 五岳独尊的泰山就雄踞在泰安市境内，在泰山的周围曾发现了自新石器时代以来九大古文化遗存。泰山，作为祈求答谢天地神灵的场所，传说在远古有 72 君封山。在这里，远古部落活动频繁，祭拜天地，封建帝王争相举行封禅大典，使泰山周围地区成为中华民族的文化圣地。 泰山是一座文化山，它与中华文明血脉相连。历代统治者和广大民众都采取种种仪式，表达对泰山的景仰和膜拜，由此形成了泰山文化现象，形成了它特有的风尚。 泰山因其大成为人们最早推崇它的原因。人们希冀这座大山能带来力量，驱除灾害，求得幸福。泰山崇拜反映了人类早期对自然力、自然之神的敬畏与依赖，折射出人与自然和谐的原始形态。 泰山是文人的泰山，是政治的泰山，也是艺术的泰山。伟大的思想家孔子一生中到过泰山几次，泰山成为他孜孜以求文化知识的地方，如今泰山上还有纪念孔子而建的孔子庙。秦代李斯有"泰山不让土壤，故能成其大"的经典名句；汉代伟大的史学家司马迁则为后人留下了"人固有一死，或重于泰山，或轻于鸿毛"的千古名言；唐代李白的"天门一长啸，万里清风来"为泰山留下了绚丽的诗文；杜甫的《望岳》"岱宗夫如何？齐鲁青未了。造化钟神秀，阴阳割昏晓。荡胸生曾云，决眦入归鸟。会当凌绝顶，一览众山小"成为不朽的经典诗句。从泰山文化艺术的意义上，可以提到的名字还有很多，这些名字共同组成了泰山的文化记忆。 因此，可以说泰山是一座富有象征意义的山，它是中华民族的历史、文化与自然的结晶，是中华民族精神的重要象征。 泰山的精神在于自从有人类以来，人们与泰山紧密相连，泰山不仅记录下了我们民族精神发展的历程，而且成为中华民族精神的载体。泰山以其自身的特征，形成了不断进取、勇于超越的精神；捍卫尊严、永葆正气的精神；积极入世、乐于奉献的精神；善于吸收、勇于扬弃的精神。泰山高大、厚重、向上、充满生机、包容万物等特征，无时不在影响、感染着人们，而人的意志、理想、追求、性格，又经常与泰山的属性相契合。于是，本无生命的山在人们的心目中就成了某些精神的象征，这些精神伴随着整个中华民族的发展不断积淀、凝聚、弃恶扬善、推陈出新，辐射到了更加广阔的地区，具有了影响全民族的力量。

续表

知识点	内 容 概 要
乐学善学、问题解决、社会责任：一水——济南的泉	济南市是山东省的省会，又是历史文化名城，是中华文明中闻名世界的史前文化——龙山文化的发祥地，它位于鲁中西部，地处泰山北麓，黄河南岸，地势南高北低，自然风光秀丽，素有"泉城"之美称，自古享有"家家泉水，户户垂柳"之誉，中外人士赞誉为"世界泉水之都"。众泉汇流成的大明湖与周围的千佛山、五峰山、灵岩寺云山等构成了"一城山色半城湖"的独特风光，山水的风情万种让济南"潇洒似江南"，水光山色在这里得到了最好的结合。 济南的水很多，有黄河，有大明湖，最有名的还是泉水，尤其是作为"天下第一泉"的趵突泉。济南，可以说是一个坐落在泉水上的城市。在中国乃至全世界，被称作泉城的城市只有济南一个。 济南素以泉水众多、风景秀丽而闻名天下，俗称"名泉七十有二"，仅在老城区 2.6 平方公里的范围内，就有趵突泉、黑虎泉、珍珠泉、五龙潭为首的四大泉群，遍布全市的涌泉更有 700 处之多。 济南泉水之所以这么多，主要与济南的地形结构有关，济南南部山区属于泰山余脉，北部是鲁西北平原，形成了南高北低的地势。当大气降水渗透地下，就顺着岩层倾斜的方向北流，到达老城区遇到紧密的岩浆岩阻挡，水流就选择薄弱处涌出地面，形成了一处处泉水。 由于有泉水，人们总结了济南有三多：一是济南人的名字里有"泉"字的多；二是济南几乎所有的老街老巷，都是依据泉水的含义而命名的；三是济南本地不产茶，但是由于享用泉水最好的方法是品茶，所以巨大的茶叶消费量逐渐使济南成为全国最大的茶叶集散地。 济南打造的第一个大型文化广场，当时各种名字提案有 1400 多条，但市民们最终选定为泉城广场。济南的市标也是根据篆书"泉"字的形状而创意设计的。 泉水已经和济南人息息相关了。在济南，天气预报信息与市内的地下水位信息是同时播报的，这在全国恐怕是绝无仅有的。泉水是济南人的名片，人们自发地护泉、保泉。 万涓成水，汇流成河。来自各大泉群的泉水，沿着护城河在城市中蜿蜒，最终流入大明湖。"四面荷花三面柳，一城山色半城湖"，泉水涓涓，湖山相映，正是这源源不断的泉水，造就了济南的人杰地灵。 传说，宋代婉约派女词人李清照在漱玉泉附近，对着明镜般的清澈泉水，照影梳妆、填词吟诗，并且以"漱玉"为名，集词名为《漱玉词》，足见她对泉水的喜爱。 一方水土养一方人，济南人的习俗、个性、历史渊源、文化底蕴都早已融入泉水之中。可以说，泉水是济南内涵的写照，泉水是推动济南的风帆，泉水是整座城市的灵魂。

续表

知识点	内 容 概 要
批判质疑、自我管理、人文情怀：一圣人——东方圣城曲阜	在山东省的西南部，有一个孔姓人口占20%的城市，这就是有着5000多年悠久历史的东方圣城——曲阜。曲阜虽是鲁西大地上的一座小城，但因其是春秋末期伟大思想家、教育家、政治家孔子的故乡，所以历来以"孔孟之乡、诗书之地、礼仪之邦"著称于世，成为著名的历史文化名城。 "千年礼乐归东鲁，万古衣冠拜素王。"曲阜之所以享誉全球，是与孔子的名字紧密相连的。孔子是世界伟大的哲学家，中国儒家学派的创始人。在两千多年漫长的历史长河中，儒家文化逐渐成为中国的正统文化，并影响到东亚和东南亚各国，成为整个东方文化的基石。曲阜的孔府、孔庙、孔林，统称"三孔"。曲阜以丰厚的文化积淀、悠久历史、宏大规模、丰富文物珍藏，以及科学艺术价值而著称，因其在中国历史和世界东方文化中的显著地位，而被联合国教科文组织列为世界文化遗产，被世人尊崇为世界三大圣城之一，或称"东方圣城"。 曲阜作为中华民族的文化与文明圣地，引起人们无限向往和崇拜，人们都把到曲阜拜谒孔子故里，看成是心灵朝圣和情感皈依。 曲阜圣迹主要在孔庙、孔府和孔林这三处。 孔庙这一具有东方建筑特色的庞大古建筑群，仿皇宫之制，将九进庭院贯穿在南北中轴线上。在占地约2.2公顷、南北逶迤1000多米、满是苍松古柏的硕大庭院中，由三殿、一阁、一坛、两庑、两堂、两斋等组成的466间楼阁建筑有序地分布着，其气魄之宏伟，时间之久远，保持之完整，堪称世界建筑史上"唯一的孤例"。 孔府是中国现存最大最豪华的封建官僚贵族府第。从建筑角度讲，作为古建筑物质遗存，它是体现中华民族建筑特色和风韵的实物标本；从文化角度讲，作为绵延两千多年儒家学说的载体，它是中华民族传统文化的标志符号；从宗教角度讲，作为情感和心灵归宿，它是孔氏家族后裔的精神家园。孔府，会使人对封建社会的政治、经济、文化、思想形态有直观感受，对儒家学说的精华与糟粕有清醒认识，对在民族历史上有过重要地位和深远影响的孔子世家有正确评价，对"万世师表"的孔子有个令其欣慰的交代。 孔林是孔子及其家族的专有墓园，是目前世界上面积最大的氏族墓地，其存在对研究中国历代政治、经济、文化发展及丧葬风俗演变，有着重要价值。 孔林之中有着楷、柏、桧、枫、枋等数十种珍稀的乔树巨木，全是孔子弟子门生各持名树异株前来孔林栽植的，延续至今，使孔林成为人造林海。 看着郁郁苍苍、茂茂密密的林木，对孔林前大牌坊上的"万古长青"含义就有了更深层的理解，它不仅是指孔林中的万千树木在蹉跎岁月中葱茏峻茂、长青不衰，更象征着孔子的学说、信念、理想德沛天地、恩泽四时。 参拜"三孔"千年古迹文物，过去在史书上所见的文字如今都生动地呈现在眼前，抚今追远，同学们可以直面古时圣贤，虽然语言不能交流，但被中华民族古老文化熏陶、濡染的我们，始终与先哲的思想、情绪脉脉相通。尽管时光流逝，岁月迢递，"三孔"还将在中华大地展示它永久的风采。孔子学说和理念还将启迪我们的心灵，陶冶我们的情操，振奋我们的精神。

（六）课程安排

1. 行前准备

（1）在老师或父母的帮助下在网上查询一些济南的资料进行了解。

（2）回顾语文课文《趵突泉》，并背诵至少两首描写泰山的诗词。

2. 行中研学（表 5-23）

表 5-23 "一山、一水、一圣人——文化圣地、研学山东"行中研学

时间	活 动 安 排
早上	研学导师到校进班。 集合出发前往济南，车程中研学导师介绍本次研学安排及注意事项。 山东研学课程开始。
上午	1. 一水——济南的泉 漫步在济南老城区，随处可见清澈的泉水、摇曳多姿的杨柳、古色古香的民居。 如果说泉是济南的灵魂，那济南老城便是泉文化的载体。在这里，街中有泉，巷中有泉，院中有泉。泉水走街串巷，穿墙入户。 繁华的芙蓉街是有着 1100 年历史的老街。这里的繁华有一种平民式的亲近感，民间集市、二胡作坊、旗袍加工、理发刮脸、风味小吃等一切都延续着泉城的古韵。与芙蓉街交叉的，就是被誉为"金街"的极有现代感的泉城路，这里是高楼林立、品牌汇集的商业街，时尚街与老城区携手共舞。 同学们，当你们来到这么美丽的泉城，肯定会迫不及待地要去一睹芳容吧，但这次，研学导师不会为你们提供方便的交通、美味的食品，不会为你们安排好所有的一切！同学们只能凭手中的一张地图，身无分文地去寻找目的地、去完成指定的任务，才能算成功地完成了这次的研学活动。今天将大家分成四组，每一位研学导师跟随一组，路上只是起到保护大家安全的作用，其他的事情，研学导师都不会帮你们做。同学们，让我们从美丽的泉城广场出发，去完成寻找济南四大名泉的极限挑战任务吧！ "极限挑战、寻找名泉"研学活动。 A 组任务：泉城广场—趵突泉 　　根据地图，大家要找到最佳到达的路线，由于身无分文，所以大家要在路上依靠团队力量，想方法挣钱，解决交通和吃饭的问题，由于不同的地点距离不等，因此会设置不同的时间要求。在自己的任务卡上，以最快时间完成任务并解决了吃饭问题的团队，将是这次极限挑战的胜利者！ ／ 任务卡信息提示： ①找到趵突泉。特点：三泉并涌，拍照后进入下一任务。 ②找到泉北的"泺源堂"，两侧的楹联是元代大书法家赵孟頫的诗句，"云雾润蒸华不注，波涛声震大明湖。"拍照后进入下一任务。 ③寻找李清照纪念堂，拍照后进入下一任务。 ④完成吃饭任务，写出美食报告。 ⑤返回泉城广场。

时间	活动安排	
上午	B组任务：泉城广场—黑虎泉 　　根据地图，大家要找到最佳到达的路线，由于身无分文，所以大家要在路上依靠团队力量，想方法挣钱，解决交通和吃饭的问题，由于不同的地点距离不等，因此会设置不同的时间要求。在自己的任务卡上，以最快时间完成任务并解决了吃饭问题的团队，将是这次极限挑战的胜利者！	任务卡信息提示： ①找到黑虎泉，特点：三个虎头，拍照后进入下一任务。 ②找到黑虎泉边的一铜一石两只巨虎，拍照后进入下一任务。 ③寻找解放阁，拍照后进入下一任务。 ④完成吃饭任务，写出美食报告。 ⑤返回泉城广场。
	C组任务：泉城广场—珍珠泉 　　根据地图，大家要找到最佳到达的路线，由于身无分文，所以大家要在路上依靠团队力量，想方法挣钱，解决交通和吃饭的问题，由于不同的地点距离不等，因此会设置不同的时间要求。在自己的任务卡上，以最快时间完成任务并解决了吃饭问题的团队，将是这次极限挑战的胜利者！	任务卡信息提示： ①找到珍珠泉，特点：泉水从地下涌出，如同一串串珍珠。在阳光的映照下，那珠串晶莹透亮，闪闪发光。仿佛有一只神奇的手把它们都拎到了水面上来。 ②找到罗锅桥，拍照后进入下一任务。 ③寻找宋代海棠，拍照后进入下一任务。 ④完成吃饭任务，写出美食报告。 ⑤返回泉城广场。
	D组任务：泉城广场—大明湖 　　根据地图，大家要找到最佳到达的路线，由于身无分文，所以大家要在路上依靠团队力量，想方法挣钱，解决交通和吃饭的问题，由于不同的地点距离不等，因此会设置不同的时间要求。在自己的任务卡上，以最快时间完成任务并解决了吃饭问题的团队，将是这次极限挑战的胜利者！	任务卡信息提示： ①找到大明湖，特点：沿湖八百余株垂柳，拍照后进入下一任务。 ②找到历下亭，拍下乾隆亲笔题写的匾额后进入下一任务。 ③寻找明湖楼，拍照后进入下一任务。 ④完成吃饭任务，写出美食报告。 ⑤返回泉城广场。
中午	午餐。	
下午	2. 一山——五岳之尊泰山 望岳 岱宗夫如何？齐鲁青未了。 造化钟神秀，阴阳割昏晓。 荡胸生曾云，决眦入归鸟。 会当凌绝顶，一览众山小。 　　徒步登泰山，完成一次身体与精神的洗礼，同学们，跟着研学导师一起往上攀登，到山顶看日出去咯！ 　　先到东岳岱庙。岱庙是最古老的登泰山之路的起点，大家一起在起点合影吧！ 　　再到遥参亭。遥参亭是岱庙的前庭。古人祭泰山必先至此参拜，尔后入庙。同学们按山门、掖门、仪门、正殿及配殿的次序依次游览。	

时间	活动安排
下午	走进富有古老神韵的岱庙，犹如进了一座帝王的宫阙，主体建筑天贶殿高踞台基之上。大院内碑刻林立，有历代皇帝或名士的碑刻、经幢、题名等。 合影照片 泰山，我们从这里出发…… 封禅古道：由岱庙向北，登山盘道就呈现在眼前了，真正意义上的登泰山将从这里开始，自古登泰山者也多选择从这条盘道登上极顶，这些石阶至少有一千多年的历史了，从红门至玉皇顶全程10.5公里，约有6600级石阶。  来到中天门，同学们，你们真棒，我们已经来到了泰山的半山腰，又称"二天门"，从中天门继续登山，来到了被称为天梯的"泰山十八盘"，此处两边山崖陡峭如削，盘山台阶镶嵌其中，远远望去，恰似登天云梯。 南天门就守候在十八盘的尽头，同学们，加油啊！经过南天门，我们就快到岱岳极顶了，岱岳极顶上汇集了众多的摩崖石刻，人称"大观峰"。最引人注目的是唐玄宗封禅泰山时留下的亲笔题刻《纪泰山铭》，洋洋千余言，刻于13米高的天然石壁之上，字体端方雄浑，文辞驯雅大度，至今仍保存完好。"五岳独尊"巨石刻更是泰山标志景观。 

时间	活 动 安 排
下午	同学们,有人说:登泰山不看日出,终究感受不到人生的完整。同学们一路攀登,恰如求学的路上辛苦探索。努力攀登到泰山之巅,看到日出盛景,既是难得的幸运,也为同学们的求学生涯带来希望与鼓舞,请一定不要忘记在研学旅行手册上记下这幕壮丽的人生时刻。 　　"晴朗的拂晓,站在玉皇顶举目东眺,一线晨曦由灰暗变成淡黄,再由淡黄变成橘红,继而天空中的云朵赤紫交辉,犹如滔滔海浪一般,当满天的彩霞与地平线上的茫茫云海融为一体,顷刻间万道霞光刺破云层——太阳用它热情的触角拥抱了整个宇宙,一弯金钩探出云海,金钩渐渐变大,一轮红日喷薄而出。"  　　至此,同学们欢呼雀跃,所有青春的激情被点燃,生命的力量被唤醒,攀登五岳之尊的泰山研学活动圆满结束。
	集合返校。

3. 行后分享

班级组织评选活动、知识竞赛。

4. 课程评价

为调动学生的积极性,研学全过程将开展研学争徽章活动。研学徽章包括知识关卡章和日常表现章:知识关卡章即为每个研学点的任务;日常表现章分为自理、活动、收获、文明、共处等。集章最多的学生可成为最终的"成长之星",获得相应奖励。

(七)注意事项

(1)旅游途中有时会经过陡坡、湖泊,请结伴绕道而行,千万不能冒险前往,不要追逐打闹,以免发生意外。

(2)爱护沿途文物古迹和景区的花草树木,不在景区乱涂乱画、丢弃垃圾。

(3)学生应提前一周进行体能锻炼,在研学途中注意观察学生的体力状况。

课程七　晓看红湿处,花重锦官城——成都

(一)研学目的地介绍

好雨知时节,当春乃发生。

随风潜入夜,润物细无声。

野径云俱黑,江船火独明。

晓看红湿处,花重锦官城。

——杜甫《春夜喜雨》

成都是一座融古代文化与现代文明于一体的特大中心城市,它以历史悠久、文化底蕴厚重、风光绚丽多姿和名胜古迹众多而闻名于世,也是中国西南的政治、经济、文化中心和长江流域的重要城市。

成都是国家历史文化名城,古蜀文明发祥地,中国十大古都之一。周太王"一年成邑,二年成都",故名成都;成都一直是各朝代的州、郡治所;成都在汉代为全国五大都会之一;成都在唐代为中国发达的工商业城市之一,史称"扬一益二";成都在北宋是汴京以外的第二大都会,出现了世界上第一种纸币——交子。如今,成都拥有都江堰、武侯祠、杜甫草堂、金沙遗址等名胜古迹,是中国优秀旅游城市,先后获世界最佳新兴商务城市、中国内陆投资环境标杆城市、国家小微企业双创示范基地城市、中国城市综合实力十强、中国十大创业城市等称号。

(二)研学旅行课程内容

"晓看红湿处,花重锦官城——成都"研学旅行课程内容如表 5-24 所示。

表 5-24 "晓看红湿处,花重锦官城——成都"研学旅行课程内容

内容模块	内 容 概 要
知识科普型	1. 川菜博物馆; 2. 杜甫草堂; 3. 武侯祠; 4. 三星堆遗址; 5. 都江堰; 6. 建川博物馆群落(汶川大地震博物馆); 7. 李劼人旧居。
自然观赏型	1. 青城山; 2. 西岭雪山; 3. 十陵风景区。
体验考察型	1. 花舞人间生态观光园; 2. 妈妈农庄; 3. 成都麦鲁小镇。
励志拓展型	1. 成都国防乐园野战俱乐部; 2. 四川大学博物馆; 3. 成都理工大学博物馆。
文化康乐型	1. 大熊猫繁育研究基地; 2. 白鹭森林公园; 3. 长滩湖水上运动中心。

（三）课程说明

1. 课程对象

初中一至二年级。

2. 课程时间

1天。

3. 适用人数

100～300人。

（四）课程目标

1. 知识目标

（1）初步了解川菜及川菜博物馆历史来源。

（2）了解汶川大地震博物馆的建造结构。

（3）初步认识杜甫草堂。

2. 技能目标

能够亲自制作一份美味的菜肴。

3. 情感目标

（1）汶川地震遗址的研学旅行，能让学生提升勇气，锻炼能力，感恩人间大爱；在学习成长的道路上勇往直前。

（2）研学杜甫草堂，鼓励学生走出自我舒适区，离开自己熟悉的生活环境，踏上新的土地，身临其境体验蜀道之难，敞开胸怀拥抱蓉城文化，感受真实、真切、真性情的天府之国。

（3）以菜肴的制作来反映人生酸、甜、苦、辣、咸，各种不同的味觉交织在一起，构成了五味俱全、多姿多彩、回味悠长的人生。

4. 核心素养目标

（1）人文积淀：具有古今中外人文领域基本知识和成果的积累；能理解和掌握人文思想中所蕴含的认知方法和实践方法等。

（2）珍爱生命：理解生命意义和人生价值；具有安全意识与自我保护能力；掌握适合自身的运动方法和技能，养成健康文明的行为习惯和生活方式等。

（3）健全人格：具有积极的心理品质，自信自爱，坚强乐观；有自制力，能调节和管理自己的情绪，具有抗挫折能力等。

（五）课程内容

"晓看红湿处，花重锦官城——成都"课程内容如表5-25所示。

表 5-25 "晓看红湿处,花重锦官城——成都"课程内容

知识点	内容概要
川菜博物馆	成都是川菜的故乡,名声远播。川菜博物馆的建立更见川菜的影响力。川菜博物馆坐落在郫县(现变更为郫都区)古城镇,其内分为典藏馆、互动演示馆、品茗休闲馆、灶王祠、川菜原料加工工具展示区、川菜原料展示区、郫县豆瓣传统制作工艺展示区等。互动演示馆现场演示川菜的刀功、火候及成菜过程,让同学们通过视觉亲自感受川菜魅力。同学们在这里可以看到川菜在不同时期使用的不同器具,了解当时人们的生活习惯。同学们还可以参与制作川菜,乐趣十足。
建川博物馆群落之汶川大地震博物馆	汶川大地震博物馆是建川博物馆群落的重要组成部分,展馆总面积 6000 平方米,由北京奥运会鸟巢中方设计师李兴钢担纲设计。
	"建地震博物馆,是为了留下沉痛的灾难记忆和灾难中闪光的民族精神。"汶川地震博物馆耗资 3000 万元;在设计中,对征集来的地震实物以日记的形式,真实地记录地震发生当天至 6 月 12 日这一个月中,灾区每天发生的事情。30 多个展厅,分为地震美术作品馆、地震科普馆等,以实物、照片和文字等形式再现了抗震救灾过程中一幕幕感人至深的场景。

知识点	内容概要
杜甫草堂	杜甫草堂位于成都市西门外的浣花溪畔,是唐代诗人杜甫流寓成都时的故居。公元759年的冬天,杜甫为避安史之乱,携家眷入蜀,在成都营建茅屋而居,称成都草堂。草堂包括以下研学之地:诗史堂为草堂中心建筑,陈列历代名人题写的楹联、匾额;工部祠供奉有杜甫画像,寓居蜀地诗人陆游、黄庭坚陪祀;茅屋景区重现了诗人故居的田园风貌;草堂影壁位于红墙夹道、修竹掩映之中,碎瓷镶嵌、古雅别致;杜诗书法木刻廊陈列着百余件杜诗书法木刻作品;万佛楼矗立于草堂东面楠木林中;大雅堂陈列着中国最大面积的大型彩釉镶嵌磨漆壁画和12尊历代著名诗人雕塑;唐代遗址陈列馆位于草堂东北面,陈列着草堂内发掘出的唐代生活遗址和文物。

（六）课程安排

1. 行前准备

（1）在老师或父母的帮助下在网上查询杜甫的资料进行了解。

（2）回顾学习诗词《春夜喜雨》《茅屋为秋风所破歌》。

2. 行中研学（表5-26）

表5-26 "晓看红湿处,花重锦官城——成都"行中研学

时间	活动安排
早上	研学导师到校进班。
	集合出发前往成都,车程中研学导师介绍本次研学安排及注意事项。
	成都研学课程开始。
	"同学们,你们可知诗圣杜甫的这首《春夜喜雨》中提到的"锦官城"指的是我们国家的哪个地方吗?为什么把这个地方称作"锦官城"呢?这就是本次阅享乐园的内容,以往都是研学导师们将答案事先告诉大家,让大家在前去研学旅行的路途中阅读,这次请同学们自己做一次研学旅行前的阅读准备,就从诗圣的这首诗开始吧……"

时间	活动安排	
早上	锦官城指的是哪个地方？	为什么叫作锦官城？
	文字阅享参考内容 成都是一座因"锦"而生、因"锦"而兴的城市，从远古走来，蚕桑业源远流长，至汉唐时，成都的丝绸织锦达到高峰，蜀锦产品蜚声海内外，是人所共求的时尚消费品，时人莫不以穿着蜀锦面料的服饰为时尚。因此成都叫作锦城，也称锦官城。	文字阅享参考内容 成都为啥叫锦官城，流传广泛的说法是因三国蜀汉时期，成都的织锦手工业特别发达，蜀锦驰誉全国，是蜀汉对外贸易的主要商品，也成为蜀汉政权财政收入的大宗来源。因此，蜀汉在成都置锦官，集中织锦工匠，管理织锦，并且特别筑城以保护蜀锦生产，被称为锦官城，后人简称为锦城。
	图片阅享参考内容 	图片阅享参考内容 
	不错，同学们已经通过阅享时刻知道了我们这次研学旅行的目的地就是成都，相信这座古老、热情的"天府之国"能够让同学们了解"九天开出一成都，万户千门入画图"。	

上午

1. 文学史之圣地——杜甫草堂

阅享乐园：

请同学们在研学杜甫草堂之前，通过互联网查询关于杜甫生平及作品特点的信息，填写在下表中，以便在研学途中游学结合，体验深刻。

杜甫家世背景： 七龄思即壮，开口咏凤凰。	杜甫年少游学： 醉眠秋共被，携手日同行。
杜甫仕途坎坷： 不作河西尉，凄凉为折腰。	杜甫战乱流离： 感时花溅泪，恨别鸟惊心。
杜甫江州辞世： 长葛书难得，江州涕不禁。	

续表

时间	活动安排
上午	课文节选： 茅屋为秋风所破歌 八月秋高风怒号，卷我屋上三重茅。茅飞渡江洒江郊，高者挂罥长林梢，下者飘转沉塘坳。 南村群童欺我老无力，忍能对面为盗贼。公然抱茅入竹去，唇焦口燥呼不得，归来倚杖自叹息。 俄顷风定云墨色，秋天漠漠向昏黑。布衾多年冷似铁，娇儿恶卧踏里裂。 床头屋漏无干处，雨脚如麻未断绝。自经丧乱少睡眠，长夜沾湿何由彻！ 安得广厦千万间，大庇天下寒士俱欢颜！风雨不动安如山。 呜呼！何时眼前突兀见此屋，吾庐独破受冻死亦足。 ——人教版初中语文八年级（下） 边游边学： 诗史堂——高堂素壁肃清风 自宋以来，人们尊称杜甫为"诗圣"，称其诗为"诗史"，故堂名诗史堂。诗史堂两侧配有对称的陈列室，经回廊和大廨相连。堂中安放着古铜色的杜甫全身塑像。堂前一片梅林，两株硕大的罗汉松，松繁叶茂，更烘托出高堂素壁的雅洁。堂后有小桥连接柴门，过柴门即是工部祠。  杜甫曾经做过节度参谋检校工部员工郎，故称杜工部，祠由此而得名。祠堂一屋三楹，封山亮柱，高台石阶，花窗格门，肃穆庄重。祠内有明、清两代石刻杜甫像，其中明万历三十年石刻杜甫半身像是草堂遗存最早的石刻像。
中午	午餐。
下午	2. 舌尖上的川味——川菜博物馆 中国美食是传统文化的重要组成部分。川菜是中国美食八大菜系之一，亲朋好友、良师益友围坐在一起，可品尝糖醋排骨的酸酸甜甜、水煮肉片的麻辣鲜香、凉拌野菜的微带苦味。各色滋味，一定令同学们食欲大增、心情愉悦，如同品味人生，有甜蜜、有酸涩、有幸福、有苦闷……酸、甜、苦、辣、咸各种不同的味觉交织在一起，构成了五味俱全、多姿多彩、回味悠长的人生。

续表

时间	活 动 安 排
下午	研学活动： 位于郫县古城镇的川菜博物馆，占地约四十亩。川菜博物馆作为成都的一张研学名片，是一座可以吃的博物馆，是世界唯一以菜系文化为陈列内容的主题博物馆。博物馆是"活"的，通过"玩做菜"这种新颖、参与性强的研学模式，让同学们认识川菜、了解川菜、喜欢川菜。 活动引导： ①在制作川菜佳肴时，同学们看到厨师用了酸的（　）、甜的（　）、苦的（　）、辣的（　）、咸的（　），同学们猜想这道佳肴最后的味道是（　）。 ②在品尝众多川菜佳肴时，自己最喜欢吃（　），它的颜色（　）、味道（　），吃之后的心情是（　）。 ③在品尝众多川菜佳肴时，观察到同学们都吃得（　），大家最喜欢吃（　），因为（　）。 延伸研学： 在同学们的学习和成长中会感受许多酸甜苦辣，这些记忆独特、醇厚、回味悠长。 延伸活动： ①成长的滋味。 阅读美国作家怀特的小说《夏洛的网》，这是一部关于友情与磨难的故事，仔细阅读并体会小猪威尔伯在成长中经历的幸福、甜蜜、悲痛、苦涩。在研学分享会上，与同学们分享自己能从哪些情节中体会到小猪威尔伯的幸福、甜蜜、悲痛、苦涩？ ②舌尖上的中国。 观看视频《舌尖上的中国》，从视频中食品的色彩、形态，人们品尝时的表情、心情来细细品评。 猜想人们从这些食物中吃出了什么味道、怀着怎样的心情，用自己喜欢的色彩来表现食物的颜色。 | 食物 | 味道 | 心情 | 涂色 | |---|---|---|---| | 西安肉夹馍 | | | | | 碳烤烟熏鸭 | | | | | 鱼香肉丝 | | | | | 糖醋排骨 | | | | | 回锅肉 | | | | 导师点评： 同学们，此次研学川菜博物馆用味觉审美视点的定义和关键词来品评、观察和比较酸、甜、苦、辣、咸五味的特点，获得"滋味无穷""五味俱全""酸甜可口""口齿留香"等味觉感知；同学们在研学导师的指导下积极体验、团结协作，通过自己喜爱的活动和作品，加深感知与理解，再现五味俱全、回味悠长的多味生活。在这次研学活动中，同学们有着自己的生活经验和体验，借助联想、想象，借助网络查询，在独自完成的基础上进行小组交流，大家分工合作，尽情分享，这样的研学活动过程本身就有滋有味，回味无穷。 学习和成长的过程中各种滋味都有，不只是甜蜜，所以，希望同学们能正确对待成长中的困难，积极向上。

续表

时间	活动安排								
下午	集合返校。 美育评价：								
	一场味觉的美育研学	研学目标	体验关键词1	体验关键词2	体验关键词3	认知与思维（满分30分）	美感与体验（满分40分）	表现与创新（满分30分）	审美总分（满分100分）	相关发展

				美感与体验（满分40分）		表现与创新（满分30分）		审美总分（满分100分）	相关发展
				美感词	价值取向	方法	创意		学科、品德、身体、心理
	味觉器官	味觉感知	有滋有味	五味俱全、滋味无穷、甜蜜、苦涩、酸溜溜……					
计分									

3. 行后分享

班级组织杜甫诗词大会，鼓励学生学习更多的经典诗词；组织学生就本次活动谈谈心得、收获，并以菜肴的形式反馈于父母。

4. 课程评价（表5-27）

表5-27 "晓看红湿处，花重锦官城——成都"课程评价

过程性评价(80分)				终结性评价(20分)			
评价项目	关键评估点	赋分	我的分数	评估项目	观察评估点	赋分	我的分数
纪律意识	能够做到守时，没有无故缺勤、迟到等现象	20		学习达成	阅享乐园杜甫生平卡片的完成情况（完成率）及完成质量（认真书写、正确率）	5	
学习态度	态度认真，准备充分，积极参与课程活动，有成果收获	20		学习效果评价			
团队意识	能够自觉服从辅导员及导师管理，听从指挥，维护大局	20		探究成果	研究项目完成情况，学习资料的搜集情况，卡片拓展延伸的完成情况	5	

续表

评价项目	过程性评价(80分)			评估项目	终结性评价(20分)		
	关键评估点	赋分	我的分数		观察评估点	赋分	我的分数
文明礼仪	公共场所能注重个人礼仪规范,文明用语,保护环境	10		学习内容与形式	是否参与小组研究项目,是否形成研究报告,是否参与小组活动分享,是否以菜肴的形式反馈于父母	5	
品德修养	严于律己,乐于助人,能够始终保持良好的学生形象	10		学习效果表达	心得及收获分享是否新颖有创意,小组讨论及分享语言表示是否清晰,有无自己见解,同学及老师对自己见解的反馈情况	5	
	合计得分				合计得分		

（七）注意事项

（1）注意引导学生勤于思考,给学生留有足够的时间、空间。

（2）研学旅行手册在本次课程中发挥了很大的作用,注意备齐所有所需卡片。

课程八　首都北京,沿着一道神奇的中轴线

（一）研学目的地介绍

北京是我们祖国的首都,作为同学们本次研学目的地,从胡同到长城,从清华到鸟巢,从故宫到圆明园,有太多可以向同学们介绍的。今天,我们向同学们推荐的研学课程是"首都北京,沿着一道神奇的中轴线",让我们先来做一些研学前的阅读准备吧！

为了更好地了解北京城的演变和发展,同学们首先应该知道与其有关的历史背景。例如,北京城为什么在辽朝时不叫北京,而是叫南京？为什么至今还有人称它为燕京？

事情是这样的,当初契丹人吞并了燕云十六州后,把国号改为"辽",并在幽州建立了陪都。所谓陪都,是指朝廷在有正式首都的情况下,选择有利的地理位置建立的辅助性首都。因辽朝的陪都建立在辽国疆土的南部,所以称之为南京。又因为此地曾是燕都,辽朝又称它为燕京。

但无论是辽朝还是金朝的建设,都与我们现在的北京城,无论是从格局上还是从位置上都相去甚远。元朝设计与建造的元大都,才奠定了今天北京城的规模。老北京有这样一种说法,没有元大都就没有今天的北京城。

作为五个封建王朝都城的北京城，其设计体现了中国古代城市规划的最高成就。它山环水抱，规模宏伟，设施完善，无疑是一项伟大的工程。

那么，这么伟大的工程，到底是由谁设计建造的？

说到北京城的建造，必须要提到元朝一位博学多才的出家人，他的名字叫刘秉忠。刘秉忠到底是什么人？他如何设计与建造了北京城？

据史料记载，他从小就聪明过人，入学时就能背诵数百篇文章，十七岁就成为邢台节度使的府令史。但是心怀大志的刘秉忠对这个小官并不满意，有一天他感叹说："我家世代为官，难道我就宁愿沦为小吏吗？大丈夫生不逢时，只有隐退以待时而起。"于是他辞了官，隐居于武安山中。

刘秉忠的隐居并非消极度日。在隐居的这段时间里，他无书不读，尤其深入地研究了《易经》及《皇极经世书》，对天文、地理、律历、占卜无不精通，天下事都能了如指掌。后来，刘秉忠云游到云中，在南堂寺待下来，更名子聪。

这时候的刘秉忠已经做好了充分的准备。

有句老话说，机会永远都是留给有准备的人。

刘秉忠的机会终于来了。元世祖忽必烈即位之前，召集天下能人贤士谋划大业，海云禅师就在招纳之中。当他听到许多人说刘秉忠博学多才，便邀请他一同前往。

忽必烈为刘秉忠的才能折服，把他留在了身边。其间，曾派他在龙冈建城，命名为开平（今内蒙古多伦县附近）。1260年忽必烈在开平称帝，称开平为上都。这时候的刘秉忠深受忽必烈的信任，国家政策由他来辅助设计和制定。刘秉忠曾经建议忽必烈，取《易经》"大哉乾元"之意，将蒙古更名为"大元"，忽必烈欣然接受，这就是元王朝命名的由来。

1267年，忽必烈决定放弃旧城另选新城。当初他带兵攻打金中都时，看到蔚蓝的后三海（如今的什刹海），便被这块美丽的水域吸引了，从此念念不忘，于是他决定将都城迁到金中都去。

刘秉忠受命到燕京进行考察，发现金朝的旧城格局太小，而且在蒙古军三次攻打之后，皇宫已经烧毁，想在此基础上重建并不容易，于是决定在原都城的东北处重新建造一座新的都城。

据说刘秉忠在设计北京城时，首先确定了中心点，然后规划出一道神奇的中轴线，这就是今天的永定门、正阳门、天安门、端门、午门、太和殿、神武门、地安门、鼓楼、钟楼正门的门缝连接线，然后以这道神奇的中轴线开始，对城区进行规划与建设。

现在北京城的中轴线就是当年刘秉忠造元大都的时候确定下来的，虽然经过明、清两个王朝，直到今天，这道线从未变过。而且，历代的北京城建设，都是基于这道中轴线向外拓展的。因此，将这道神奇的中轴线称为北京城的生命线，一点都不为过。

当同学们知道了北京城的规划和中轴线的来历之后，接下来，同学们该了解中轴线为什么对研学旅行的意义这么重大呢？那就得来看中轴线上坐落着一些怎样的建筑物和名胜景观啦。

从北京的地图上我们可以看到一条贯穿南北的中轴线，历史上，这条长达7.8公里的城市中轴线南起永定门，北到钟楼、鼓楼，汇集了北京古代城市建筑的精髓，见证了北京城的沧桑变迁。建筑大师梁思成这样赞美这条中轴线：一条长达8公里，全世界最长，也是最伟大的南北中轴线穿过全城。北京独有的壮美风景就由这条中轴的建立而产生。

新中国成立以后,在中轴线上又陆续扩建天安门广场、人民英雄纪念碑、毛主席纪念堂等。1990年亚运会最终选址也在北中轴延长线上。这是元大都兴建700多年以来,中轴线第一次向北延伸,其长度由过去的7.8公里增加到13公里。如今奥林匹克公园也选定在北京最具文化特色的中轴线向北的延长线上。

这条中轴线始于元朝对大都城的规划设计,至明清两朝形成了现有的规模。明、清时的北京城,皇宫居全城中心,受三重城垣包围,皇城是朝廷重地,禁止一般百姓进入;内城居住着官吏和商人;外城为一般平民居住。整个北京城的布局体现了以皇室为主体的思想。一条中轴线从永定门、正阳门、天安门、太和殿、景山到钟楼、鼓楼,将外城、皇城和内城串联起来。中轴线上的主体建筑平衡对称、高低有别、错落有序,形成一幅独有的壮美画卷。

中轴线既是北京城市框架的脊梁,又是展现北京历史文化名城的主线。中轴线南端的永定门,1957年被全部拆除,2004年重建。如今复建的永定门,门洞上方所嵌石匾的"永定门"三字,就是仿照2003年在先农坛北京古代建筑博物馆门口发现的原永定门石匾所雕刻。"北京中轴线"观念和北京的风貌,相当具体地贯通着"致中和,天地位焉,万物育焉"这一中华文化精髓。沿着北京中轴线一路走来,我们不但可以观赏众多名胜古迹,还对中国历史文化有了进一步的了解,可谓是对北京的一次深度探访。北京中轴线景观如图5-9所示。

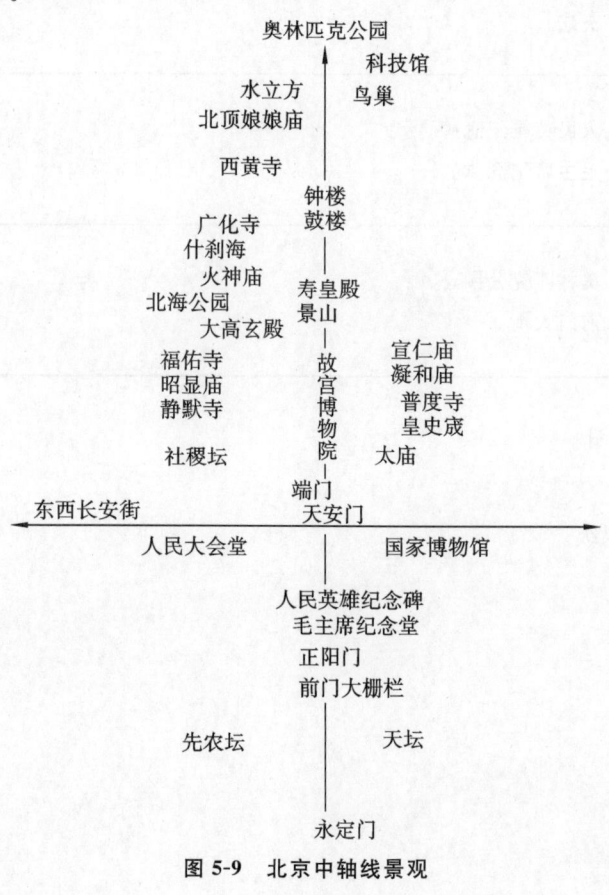

图5-9 北京中轴线景观

（二）研学旅行课程内容

"首都北京,沿着一道神奇的中轴线"研学旅行课程内容如表 5-28 所示。

表 5-28　"首都北京,沿着一道神奇的中轴线"研学旅行课程内容

内容模块	内 容 概 要
知识科普型	1. 天安门广场; 2. 钟楼、鼓楼; 3. 故宫博物院。
自然观赏型	1. 什刹海; 2. 后海; 3. 北海; 4. 西海。
体验考察型	1. 景山公园; 2. 元大都遗址; 3. 先农坛; 4. 天坛。
励志拓展型	1. 人民英雄纪念碑; 2. 毛主席纪念堂。
文化康乐型	1. 奥林匹克公园; 2. 前门大街。

（三）课程说明

1. 课程对象

初中一至二年级。

2. 课程时间

1 天。

3. 适用人数

100～300 人。

（四）课程目标

1. 知识目标

（1）参观故宫增加对宫廷风格建筑的认识，了解故宫博物院的历史底蕴。

（2）通过观赏这些不同历史时期出土的文化物品，可以更直观地了解我国生产发展历史。

（3）了解天安门广场，体会其承载的不屈不挠的革命精神和大无畏的英雄气概。

（4）了解奥林匹克公园建立的理念。

2. 技能目标

（1）详细了解故宫博物院历史，能够根据每个建筑讲述对应的文化知识。

（2）故宫里书画藏品数量丰富，欣赏著名书画家的书画艺术，增强对艺术的鉴赏能力。

3. 情感目标

（1）丰富历史文化底蕴，加深爱国情感。

（2）带着对两朝历史的了解参观故宫，更深刻地体会历史的推演和朝代的更迭。

4. 核心素养目标

（1）人文情怀：具有以人为本的意识，尊重、维护人的尊严和价值。

（2）能关注人的生存、发展和幸福等。

（3）国家认同：具有文化自信，尊重中华民族的优秀文明成果，能传播和弘扬中华优秀传统文化和社会主义先进文化。

（4）社会责任：具有团队意识和互助精神，能维护社会公平正义；热爱并尊重自然，具有绿色生活方式和可持续发展理念及行动等。

（五）课程内容

"首都北京，沿着一道神奇的中轴线"课程内容如表5-29所示。

表5-29 "首都北京，沿着一道神奇的中轴线"课程内容

知 识 点	内 容 概 要
故宫博物院 	故宫位于北京市中心的天安门南侧，旧称紫禁城。于明代永乐十八年（1420年）建成，是明、清两代的皇宫，两个朝代的皇帝在此处理政务和生活。故宫是汉族宫殿建筑之精华，是无与伦比的古代建筑杰作。

续表

知 识 点	内 容 概 要
天安门广场 	天安门广场,位于北京市中心,地处北京市东城区东长安街,北起天安门,南至正阳门,东起中国国家博物馆,西至人民大会堂,南北长 880 米,东西宽 500 米,面积达 44 万平方米,可容纳 100 万人举行盛大集会,是世界上最大的城市广场。 广场地面全部由经过特殊工艺技术处理的浅色花岗岩条石铺成,中央矗立着人民英雄纪念碑和庄严肃穆的毛主席纪念堂,天安门两边是劳动人民文化宫和中山公园,与天安门浑然一体,共同构成天安门广场。1986年,天安门广场被评为"北京十六景"之一,景观名"天安丽日"。 天安门广场记载了中国人民不屈不挠的革命精神和大无畏的英雄气概。五四运动、"一二•九"运动等都在这里给中国现代革命史留下了浓重的色彩,同时还是无数重大政治、历史事件的发生地,是中国从衰落到崛起的历史见证。
北京奥林匹克公园 	北京奥林匹克公园位于北京市朝阳区,地处北京城中轴线北端,北至清河南岸,南至北土城路,东至安立路和北辰东路,西至林翠路和北辰西路,总占地面积 11.59 平方公里,集中体现了"科技、绿色、人文"三大理念,是融合了办公、商业、酒店、文化、体育、会议、居住多种功能的新型城市区域。 2008 年奥运会比赛期间,有鸟巢、水立方、国家体育馆、国家会议中心击剑馆、奥体中心体育场、奥体中心体育馆、英东游泳馆、奥林匹克公园射箭场、奥林匹克公园网球场、奥林匹克公园曲棍球场 10 个奥运会竞赛场馆。此外,还包括奥运主新闻中心(MPC)、国际广播中心(IBC)、奥林匹克接待中心、奥运村(残奥村)等在内的 7 个非竞赛场馆,是包含体育赛事、会展中心、科教文化、休闲购物等多种功能在内的综合性市民公共活动中心。

(六)课程安排

1. 行前准备

(1)在老师或家长的帮助下对北京的著名景点做简单了解,选择一个自己感兴趣的景点进行重点学习,能够用自己的语言简单介绍。

(2)回顾/学习人教版初中语文八年级(上)文章《故宫博物院》。

2. 行中研学(表 5-30)

表 5-30 "首都北京,沿着一道神奇的中轴线"行中研学

时间	活动安排
	研学导师到校进班。
	集合出发前往北京,行程中研学导师介绍本次研学安排及注意事项。
	北京研学课程开始。
上午	(1) 乐学善学:世界五大宫之首——故宫。 故宫博物院 　　在北京的中心,有一座城中之城,这就是紫禁城。现在人们叫它故宫,也叫故宫博物院。这是明、清两代的皇宫,是我国现存的最大最完整的古代宫殿建筑群,有 500 多年历史了。 　　紫禁城的城墙 10 米多高,有四座城门:南面午门,北面神武门,东西面东华门、西华门。宫城呈长方形,占地 72 万平方米,有大小宫殿 70 多座,房屋 9000 多间。城墙外是 50 多米宽的护城河,城墙的四角上,各有一座玲珑奇巧的角楼。故宫建筑群规模宏大壮丽,建筑精美,布局统一,集中体现了我国古代建筑艺术的独特风格。 　　从天安门往里走,沿着一条笔直的大道穿过端门,就到午门的前面。午门俗称五凤楼,是紫禁城的正门。走进午门,是一个宽广的庭院,弯弯的金水河像一条玉带横贯东西,河上是五座精美的汉白玉石桥。桥的北面是太和门,一对威武的铜狮守卫在门的两侧。 • 边游边学 紫禁城名称的由来 　　北京故宫又称紫禁城,位于北京市区中心,是中国最后两个封建王朝——明、清两代的皇宫,在公元 1420—1911 年将近 500 年中,从明成祖朱棣到清末皇帝溥仪,共有 24 位皇帝(明代 14 位,清代 10 位)先后居住在这座宫殿内,对全国实行着统治。中国明、清两朝历史上的许多惊天动地的故事就发生在这里。 　　紫禁城这个名字与中国哲学和天文学有关。中国人认为"天人合一",因此故宫的结构是模仿传说中的"天宫"构造的。我国古代天文学家曾将天上的恒星分为三垣、四象、二十八宿和其他星座。其中紫微垣正处中天,是所有星宿的中心,因此成了代表天帝的星座。天帝住的地方叫"紫宫",皇宫冠以"紫"字,以表示皇宫为人间的"紫宫",为人间至尊之所。另外,自秦汉以来,人们还习惯称皇宫为"禁中",即"门户有禁,尊严无比"之意。"紫"字与"禁"字结合,故皇宫称"紫禁"。 

续表

时间	活动安排
上午	**太和殿——重大典礼举行之地** 　　太和殿，俗称金銮殿，面积约2380平方米，是紫禁城诸殿中最大的一座，也是规格最高、最富丽堂皇的建筑。明、清两朝24位皇帝都在太和殿举行盛大典礼，如皇帝登基即位、皇帝大婚、册立皇后、命将出征等，此外每年万寿节、元旦、冬至三大节日，皇帝在此接受文武百官的朝贺，并向王公大臣赐宴。清朝初年，还曾在太和殿举行新科进士的殿试，乾隆五十四年(1789年)始，改在保和殿举行，但"金殿传胪"仍在太和殿举行。  **乾清宫——处理国政事务重地** 　　"表正万邦，慎厥身修思永；弘敷五典，无轻民事惟难。" 　　这副对联为康熙手书。上联意思是皇帝是"万邦"之表率，需谨慎修身，深谋远虑，以达到维持长久统治的目的；下联意思是对国政事务不可疏忽大意，要慎重考虑其中的艰难。 　　明朝的"壬寅宫案""红丸案"和"移宫案"都发生在乾清宫，其坐落在故宫内庭最前面，殿的正中有宝座，上悬历史上著名的"正大光明"匾额，两头有暖阁。清朝康熙之前，乾清宫是皇帝居住和处理政务的地方。雍正之后皇帝移居养心殿办公，但仍在乾清宫批阅奏报，选派官吏和召见大臣。  **养心殿——清王朝的最高权力中心** 　　养心殿为"工"字形殿，黄琉璃瓦歇山式顶。明间设皇帝宝座和御案，正中上悬雍正御笔"中正仁和"匾。屏风背后有通往后殿的两小门，分别为"恬澈"与"安敦"。因为这里是皇帝召见大臣、引见官员的地方，为保密起见，特在窗外抱厦立木制影壁。明间东侧的东暖阁内设宝座，慈禧、慈安两太后曾经在此"垂帘听政"。明间西侧的西暖阁则分隔为数室，有皇帝看阅奏折、与大臣密谈的"勤政亲贤"小室，有乾隆皇帝读书处"三希堂"，还有小佛堂、梅坞等专为皇帝供佛、休息的地方。

续表

时间	活动安排
上午	 • 阅享乐园 三宫六院：皇宫内廷门户众多，但以中轴线上象征"天地乾坤"的乾清宫、交泰殿、坤宁宫为中心，两侧配以象征日月的日精门和月华门，象征十二星辰的东西六宫，以及象征众星的数组建筑，成为众星捧月之势，即称"三宫六院"。 金殿传胪：殿试后三天发榜，接着举行大朝礼。新科进士由午门进入太和殿广场。皇帝到太和殿升殿。由礼部尚书手捧金榜一一唱名。凡金榜题名者，从状元、榜眼、探花到各位进士，都要出班跪在殿前。皇帝回宫，王公百官和新科进士一同行礼。礼部尚书手捧金榜，率领状元、榜眼、探花经专供皇帝行走的御道和午门中门出宫。皇榜张挂在长安左门外临时搭建的"龙棚"上。顺天府尹已在长安左门外为状元准备好伞盖仪仗，给状元披上红绸，戴上大红花，并向状元、榜眼、探花各敬酒一杯。然后扶状元上马，送状元回府。 壬寅宫变：明朝嘉靖二十一年（1542年）十月二十一日凌晨，嘉靖皇帝朱厚熜正在乾清宫熟睡的时候，宫女杨金英等16人一齐下手，想将朱厚熜勒死。但在忙乱之中杨金英误将绳套栓成死结，没有成功。这时有人见事不成，迅速到坤宁宫报告皇后，皇后叫来众人，将16名宫女全部拿下。时为壬寅年，故此事称"壬寅宫变"。受此惊吓，朱厚熜以后20多年再不敢在乾清宫居住，直到临终前才从西苑回到乾清宫。
中午	午餐。
下午	（2）勇于探究——天安门，首都的城市广场。 天安门广场处于我国首都北京的心脏地带，最庄严的升国旗、降国旗仪式，每天在这里举行，国庆阅兵、迎接奥运火炬等重要仪式也在这里举行。这里是举行重大集会和仪式的地方。其实，每个城市都有这样的开放空间，用来满足人们集会、交往、购物、休闲等公共活动需求。人们可以在广场上参加重要活动，体验激动人心的场面，也可以在广场上健身、休憩、交谈，感受舒适与惬意。 美育视点：城市广场是为市民提供公共活动（交流、交往、仪式、交易）的场所，由建筑、道路、山水、草木等多种景观构成的户外开放空间。给人以开阔、开放、包容的美感体验。 美育体验词：开阔、开放、包容、舒畅、惬意、宽敞、活力、舒适、放松、愉悦、时尚、赏心悦目等。 典型活动：游览天安门广场。 延伸活动：欣赏国内外不同风格的广场、撰写最美广场评选推荐词、欣赏广场上的雕塑、体验虚拟广场等与广场领域有关的知识与现象的所有审美活动。

续表

时间	活动安排
下午	 •活动引导 ①仔细观察并记录： 广场名称为（　），估计相当于学校（　）个操场大小，广场上主要的色彩有（　），它们搭配在一起给人的感觉是（　）。 广场四周有特点的建筑（　）。 广场上有无雕塑（　），雕塑大小（　），摆放位置（　）。 广场上有特点的物品还有（　）。 广场上人们的活动主要有（　），用词语形容他们的神情（　）。 ②在广场上进行各种活动或休息的市民中，随机找几位，根据采访提纲对他们进行一次采访。 采访提纲(供参考,同学们可自己拟定喜欢的话题) 请问：您到天安门广场的频率？（经常、偶尔、今天第一次……） 您来天安门广场主要是做什么？（游览、纪念、与朋友聚会、休息……） 您最喜欢天安门广场的哪一点？（绿化、升降国旗、雕塑、交通、建筑……） 您在这个广场中的感受？（舒服、悠闲、轻松、愉快、肃穆、庄严……） ③美美地拍照。将看到的天安门广场景观和生机勃勃的人的活动拍下来,与同学们交流。 自拍、群拍、拍景物、拍人像,不要忘记拍下你自己哦！ •延伸研学 ①节日的广场。 广场在节日的时候最热闹，各种演出、游戏、展出还有各种小吃等，请同学们以"节日的广场"为主题,画一幅画,在研学分享会上展示。 ②同学们想想,你最想去哪个广场？请从网络搜索这个广场的图片,选择一张打印下来,制作成明信片,在明信片后面,写下你的梦想,将来有机会去这个广场的时候,请带上这张明信片,见证你梦想的实现吧！ 著名作家雨果曾说过：斯坦尼斯瓦夫广场是我所见过的最美丽、最令人愉悦的、最完美的广场,一个宏伟的广场。

时间	活动安排				

③世界著名城市广场秀。

通过上网查找搜集资料,并可通过最先进的 VR 技术,在网络上身临其境般体验世界著名城市广场,并完成下表。

国家	广场名称	特点			美感
		规模大小	主要功能	标志性建筑	
中国	天安门广场	44万平方米,容纳100万人集会	集会活动、举行仪式	天安门	整齐对称 宏伟壮观 气势磅礴

- 导师点评

从同学们的广场描述中,大家知道了广场的诞生与发展,了解了广场是人本主义价值观的体现,是人注重自我心理要求向空间转化的需求,广场的作用也由最初的皇权祭祀而演变成人民交易、交流、娱乐、观赏。现场观察广场或者上网查看广场图片或视频,同学们知道了广场的造型各有特色,或庄重、雄伟,或大气、典雅。广场周边建筑群、广场上各个元素搭配和谐、完美。人们在这里玩乐、交际、放松、休闲,各色人群尽显热爱自然、向往自由的生活热情。总之,同学们在欣赏广场之美时,既要关注广场景观,又要关注广场上人们的各种活动。一静一动,构成了广场生动、开放与包容之美。

集合返校。

- 美育评价:

	认知与思维（满分30分）			美感与体验（满分40分）	表现与创新（满分30分）		审美总分（满分100份）	相关发展
	研学目标	体验关键词1	体验关键词2	体验关键词3	美感词	价值取向	方法	创意	
天安门广场	城市广场	公共活动	景观	开放空间	开阔 开放 包容 惬意……				学科 品德 身体 心理
计分									

3. 行后分享

班级组织北京一日游摄影展活动,引导学生根据照片中的建筑讲述相关的文化知识,讲述自己在一日游活动中发生的趣味小故事。

4. 课程评价(表5-31)

表 5-31 "首都北京,沿着一道神奇的中轴线"课程评价

过程性评价(80分)			终结性评价(20分)			
评价项目	关键评估点	赋分	我的分数	评估项目	观察评估点	赋分	我的分数
纪律意识	能够做到守时,没有无故缺勤、迟到等现象	20		学习效果评价	学习达成	世界著名城市广场秀(完成率)	5	
						世界著名城市广场秀(认真书写、正确率)		
学习态度	态度认真,准备充分,积极参与课程活动,有成果收获	20			探究成果	研究项目完成情况,学习资料的搜集情况,卡片拓展延伸的完成情况	5	
团队意识	能够自觉服从辅导员及老师管理,听从指挥,维护大局	20		学习成果评价	学习内容与形式	是否参与小组研究项目,是否形成研究报告,是否参与小组活动分享,是否形成研学小报,是否形成学习记录	5	
文明礼仪	公共场所能注重个人礼仪规范,文明用语,保护环境	10						
品德修养	严于律己,乐于助人,能够始终保持良好的学生形象	10			学习效果表达	是否积极分享摄影展活动,有无自己见解,同学及老师对自己见解的反馈情况	5	
合计得分				合计得分			

(七)注意事项

(1)参观故宫、游览天安门广场途中注意掉队学生,确保人员安全。

(2)引导学生积极主动思考,给学生留有足够的时间和空间。

(3)注意备齐活动过程中所需卡片。

(4)参观中注意爱护文物,切莫乱写乱画。为不妨碍、影响他人参观,在展厅请勿使用闪光灯和三脚架拍照。

附录 A
研学旅行基地(营地)设施与服务规范

前　言

本标准按照 GB/T 1.1-2009 给出的规则起草。

本标准由中国旅行社协会提出并归口管理。

本标准起草单位:中国旅行社协会、高校毕业生就业协会、中国旅行社协会研学旅行分会、北京联合大学旅游学院。

本标准主要起草人:杨彦锋、刘丹华、张峰、孙桂珍、李强、高志权、张云凤、邹昊、高敬敬、刘念、金占林。

引　言

按照研学旅行服务市场的发展趋势,研学旅行基地(营地)已经成为旅行社研学旅行线路产品不可或缺的重要载体。为引导旅行社正确选用合格研学旅行基地(营地)供应商,保证研学旅行线路产品的服务质量,使研学旅行基地(营地)有相对科学、规范的准入条件,推动研学旅行服务市场的健康发展,依据《教育部等 11 部门关于推进中小学生研学旅行的意见》(教基一〔2016〕8 号)和《研学旅行服务规范》(LB/T 054-2016)行业标准的相关要求,特制订本标准。

研学旅行基地(营地)设施与服务规范

1　范围

本标准规定了中国境内研学旅行基地(营地)(以下简称基地)作为旅行社研学旅行线路产品资源供应商的认定准入标准,包括基地创办原则、基本设立条件和要求、教育与体验、设施与服务、安全管理及合格认定。

本标准适用于旅行社对中国境内研学旅行基地的认定与选用。

2 规范性引用文件

下列文件对于本文件的应用是必不可少的。凡是注日期的引用文件,仅所注日期的版本适用于本文件。凡是不注日期的引用文件,其最新版本(包括所有的修改单)适用于本文件。

GB 3095-2012　环境空气质量标准
GB 3096-2008　声环境质量标准
GB 8978　污水综合排放标准
GB 5749-2006　生活饮用水卫生标准
GB 16153　饭馆(餐厅)卫生标准
GB 14934-2016　食品安全国家标准:消毒餐(饮)具
GB 9665　公共浴室卫生标准
GB 17945-2010　消防应急照明和疏散指示系统
GB 8408-2008　游乐设施安全规范
GB/T 19095-2008　生活垃圾分类标志
GB/T 18973-2016　旅游厕所质量等级划分与评定
GB/T 15971-2010　导游服务规范
GB/T 14308-2010　旅游饭店星级的划分与评定
GB/T 31710.3-2015　休闲露营地建设与服务规范第3部分:帐篷露营地
LB/T 054-2016　研学旅行服务规范
LB/T 025-2013　风景旅游道路及其游憩服务设施要求

3 术语和定义

LB/T 054-2016 界定的以及下列术语和定义适用于本标准。

3.1 研学旅行　study travel

以中小学生为主体对象,以集体旅行生活为载体,以提升学生素质为教学目的,依托旅行吸引物等社会资源,进行体验式教育和研究性学习的一种教育旅行活动。

3.2 研学旅行基地(营地)　study travel base(camp)

自身或周边拥有良好的餐饮住宿条件、必备的配套设施,具有独特的研学旅行资源、专业的运营团队、科学的管理制度以及完善的安全保障措施,能够为研学旅行过程中的学生提供良好的学习、实践、生活等活动的场所。

3.3 研学旅行指导师　study travel tutor

策划、制定或实施研学旅行课程方案,在研学旅行过程中组织和指导中小学学生开展各类研究学习和体验活动的专业人员。

4 原则

4.1 教育性原则

4.1.1 基地应结合学生身心特点、接受能力和实际需要,注重系统性、知识性、科学性和趣味性,为学生全面发展提供良好成长空间。

4.2 实践性原则

4.2.1 基地应因地制宜,呈现地域特色,引导学生走出校园,在与日常生活不同的环境中拓宽视野、丰富知识、了解社会、亲近自然、参与体验。

4.3 安全性原则

4.3.1 基地应始终坚持安全第一,配备安全保障设施,建立安全保障机制,明确安全保障责任,落实安全保障措施,确保学生的安全。

4.3.2 基地应远离地质灾害和其他危险区域,有完整的针对研学旅行的接待方案和安全应急预案。

4.4 公益性原则

4.4.1 基地应把谋求社会效应放在首位。

4.4.2 基地应对经当地相关主管部门核准为贫困家庭的学生减免费用。

5 基本设立条件和要求

5.1 资质条件

5.1.1 应具备法人资质。

5.1.2 应具备相应经营资质和服务能力。

5.1.3 应具有良好的信誉和较高的社会知名度。

5.1.4 应取得工商、卫生、消防、食品、公安、旅游等管理部门颁发的许可经营证照。

5.1.5 应正式对社会公众开放满1年,且1年以内无任何重大环境污染及负主要责任的安全事故。

5.2 场所条件

5.2.1 规模适当,容量应能满足开展研学旅行活动的需求,自身或合作单位能够保证学生的就餐、住宿等。

5.2.2 应具备基本的医疗保障条件,配备有数量适宜的专职医护人员。

5.2.3 基地内水、电、通讯、无线网络等应配套齐全,运行正常。

5.2.4 应建设或规划由室内或室外场所构成的专门研学场地或教室,确保学生活动的安全性,特殊设备需具备主管单位的检测验收报告。

5.2.5 室外研学场地应布局合理的游览路线与完善的交通设施,保证通行顺畅,方便游览与集散。

5.2.6 基地内景点类的游览路线设计应与研学主题或相应景点景观相关。

5.2.7 应具备健全的安全设施与管理制度,保证营运秩序良好、管理人员到位。

5.2.8 应有相应的旅行接待设施、基础配套设施,保证布局合理、环境整洁、安全卫生达标。

5.3 专业人员要求

5.3.1 要建立专兼职相结合、相对稳定的研学旅行指导师队伍,应至少配备3名具有省级及以上行政主管部门或专业社会组织颁发的研学旅行指导师职业证书的专职研学旅行指导师,且兼职研学旅行指导师应具有与研学课程相匹配的专业优势。

5.3.2 应为每项研学旅行活动配置1名项目组长,项目组长全程随团活动,负责统筹协调研学旅行各项工作。

5.3.3 应至少为每个研学旅行团队配置相应数量的安全员(学生与安全员的比例

不低于30∶1),安全员在研学旅行过程中随团开展安全教育和防控工作。

5.3.4 应为每个研学旅行团队配置数量适宜的经专业机构认证的专兼职研学旅行指导师(学生与研学旅行指导师的比例不低于30∶1),研学旅行指导师负责制定研学旅行教育工作计划,在其他工作人员的配合下提供研学旅行教育服务。

5.3.5 应指定1名中高级管理人员接受专业培训并考试合格后担任基地内审员。基地内审员应对照本标准及相关工作要求,检查所在基地的达标情况,敦促基地管理层就所存在的问题及时整改。

5.3.6 建立研学旅行指导师全员培训制度,组织专兼职研学旅行指导师跨学科、跨专业进修,提升观察、研究、指导学生的能力,培养综合性研学旅行指导师队伍,为更好地开展研学旅行培养师资力量。

5.3.7 应保证所有上岗人员无犯罪记录且具备各类行业相关资格证书,精神状态和身体健康状态能够胜任各自负责的工作内容。

5.3.8 基地接受委托开展研学旅行活动,应要求委托方至少派出一人作为代表,负责督导研学旅行活动按计划开展。

5.4 服务人员要求

5.4.1 应有与学生数量相匹配的,为其提供各类研学旅行相关配套服务的专业服务人员。

5.4.2 应遵守服务时间,坚守岗位,举止文明,热情服务。

5.4.3 应掌握一定的医学知识与灾害应急常识,熟悉基地内的医疗服务点、紧急避险通道等。

5.4.4 应有遇突发情况能够自救和帮助游客进行避险逃离的能力。

5.4.5 应掌握基本的法律常识、宗教信仰和民族习惯等方面的知识。

5.4.6 应进行专业岗位培训,宜每年参加一次相关专业培训,熟练掌握本岗位业务知识和技能。

5.5 构成要素

5.5.1 应具有较高观赏价值、历史价值、文化价值或科学价值,该类价值在本地具有一定的教育意义。

5.5.2 应有丰富的研学产品,提供知识性、趣味性的体验与互动项目,配有体现寓教于乐功能的专用设施和研习交流场所。

5.5.3 在文化知识普及方面应具备可供宣传教育的基础,在观光游览和休闲度假方面应具有较高开发利用价值或较大影响力。

5.5.4 以科技、文化、历史、革命教育、体育、生物、影视、动漫、探秘、拓展等为特色,应至少具备一个主题。

5.5.5 以培养团队协作能力、动手实践能力、自理自立能力、纪律约束能力,传统文化教育、传统民俗展示、爱国主义教育、科技知识教育、生态文明教育、体能训练等为主,应至少具备以上两项研学功能,满足研学活动需求。

5.6 环境与卫生条件

5.6.1 环境空气质量应符合 GB 3095-2012 的要求,声环境质量应符合 GB 3095-2012 的要求。

5.6.2 污水排放应符合 GB 8978 的要求。

5.6.3 厕所应符合 GB/T 18973-2016 的要求,保证等级至少达到二星级,其图示标志应符合 GB/T 19095-2008 的要求。

5.6.4 垃圾桶数量与布局合理,标识明显,分类设置,垃圾及时清扫,应与环境相协调,无堆积、无污染。

5.6.5 应建立传染性疾病预防措施,并符合相关要求。

5.6.6 应及时预报雨雪、雷电、紫外线指数及灾害性天气。

5.6.7 应具备完善的卫生与医疗管理规范和措施,定期进行检查。

5.6.8 服务人员应按规定进行体检,个人卫生符合行业有关规定。

5.6.9 生活饮用水应符合 GB 5749-2006 的要求,保证用水便利,饮水管理规范、安全。

5.6.10 餐厅卫生应符合 GB 16153 的要求,餐饮、餐具的消毒卫生应符合 GB 14934-2016 的要求。

5.6.11 洗浴卫生应符合 GB 9665 的要求。

6 教育与体验

6.1 课程要求

6.1.1 各类课程的开展、设置应由中小学或中高等教育院校和相关主管部门共同规划、设计,并做详细记录。

6.1.2 应根据基地的主题,编制研学旅行解说教育大纲,凸显本地的资源或文化特色。

6.1.3 应设计与学校教育内容相衔接的课程,学习目标明确、主题特色鲜明、富有教育功能。

6.1.4 研学课程应融入理想信念教育、爱国主义教育、革命传统教育、国情省情教育、文化传承教育、学科实践教育等内容。

6.1.5 应设计不同学龄段学生使用的研学教材,内容编排合理,保证教育性、实践性强。

6.1.6 课程体系设计应较为科学、完整、丰富,教材、解说词内容规范,符合相关要求。

6.2 课程体系

6.2.1 应从学生的真实生活和发展需要出发,从生活情境中发现问题,转化为活动主题,通过探究、服务、制作、体验等方式,培养学生综合素质的跨学科实践性课程。

6.2.2 至少具备但不限于以下一项能力培养的课程:

a) 以培养学生体能和生存适应能力为主要目的,如徒步、露营、拓展、生存与自救训练等。

b) 以培养学生自理能力和动手实践能力为主要目的,如综合实践、生活体验训练、内务整理、手工制作等项目。

c) 以弘扬传统民俗、历史文化或红色爱国主义教育为主要目的,如各类参观、游览、讲座、诵读、阅读等。

d) 以培养学生的情感能力和纪律约束能力为主要目的,如思想品德养成教育活动以及团队游戏、情感互动、才艺展示等。

　　e）以培养学生观察能力，提高科学素养为主要目的，如游览自然生态景观、实验室、博物馆、科研机构等。

　　6.2.3 建立健全课程教研制度，配备专兼职研学活动教研员，及时分析、解决课程实施中遇到的问题，提高课程实施的有效性。

6.3 课程安排

　　6.3.1 根据教育部门的教育教学计划、目标学生学龄段以及地域特色科学设计、灵活安排研学课程及相关活动的时间和内容。

　　6.3.2 应基于基地实际，于研学旅行开展前指导学生做好准备工作并提前告知家长此次研学课程具体内容。

　　6.3.3 每个研学旅行团体在本基地内的体验教育课程项目，小学阶段宜不少于60分钟、初中阶段时间宜不少于90分钟、高中阶段宜不少于120分钟。

　　6.3.4 研学旅行过程中组织学生参与教育课程项目，指导学生撰写研学日记或调查报告。

　　6.3.5 研学旅行结束后应组织学生分享心得体会，如组织征文展示、分享交流会等。

　　6.3.6 在实施过程中，随着活动的不断展开，基地研学旅行指导师有能力或可以配合随团教师指导学生，使学生可根据实际需要，对活动的目标与内容、组织与方法、过程与步骤等做出动态调整，使活动不断深化。

　　6.3.7 课程设计及实施应有利于教育机构采用质性评价方式，即有利于教育机构将学生在综合实践活动中的各种表现和活动成果作为分析考察课程实施状况与学生发展状况的重要依据，有利于对学生的活动过程和结果进行综合评价，避免将评价简化为分数或等级。

6.4 研学路线

　　6.4.1 应结合自身地理位置和周边资源，规划设计与所安排的研学课程相关的研学实践教育路线。

　　6.4.2 应至少提供2条以上的研学实践教育路线，每条路线均应包括以周边资源和环境相结合的外部路线和以基地规划和配套设施相结合的内部路线，保证路线设置便捷、合理，与基地研学主题协调一致。

　　6.4.3 应保证研学旅行线路有较强的针对性、可操作性、安全性。

6.5 质量评估

　　6.5.1 建立研学课程的教育效果测评制度，真实反映学生知识、技能的掌握情况，持续改进教育服务。

　　6.5.2 做好写实记录和归档工作，研学活动记录、事实材料要真实、有据可查，应分类整理、编排、汇总、归档，为质量评估与提升提供必要支撑。

　　6.5.3 采取问卷调查方式，收集学生对活动开展满意度测评。

　　6.5.4 定期征求、收集学生家长对研学实践教育活动的看法和评价。

　　6.5.5 学生所在学校应在研学旅行活动结束后对基地各项工作进行综合评价。

　　6.5.6 宜建立与学校、学生及家长实时沟通的网络平台。

7 设施与服务

7.1 教育设施

7.1.1 应根据不同研学教育主题以及不同年龄段的学生配备相应的研学场地和设施。

7.1.2 应根据研学旅行教育服务计划,配备相应的教学辅助设施,如电脑、多媒体、实验室、教具等。

7.1.3 应对不同类型的研学旅行课程设置相应的演示、体验、实践的设施。

7.2 导览设施

7.2.1 应提供全景、线路、景物、位置和参观等标识标牌。

7.2.2 应在售票处、服务中心、厕所、餐饮、购物、食宿等场所设置服务指示设施。

7.2.3 应在外部交通、景区内道路、停车场等设置交通导览设施。

7.2.4 应在医疗救护、危险地段、安全疏散通道、质量投诉和参观线路设置导览设施。

7.3 配套设施

7.3.1 餐厅

7.3.1.1 选址科学,布局合理,其面积、就餐设施满足接待要求。

7.3.1.2 宜设置学生食堂,实行营养配餐,用餐卫生、方便快捷。

7.3.1.3 餐饮服务人员应定期体检,持健康证上岗。

7.3.2 交通

7.3.2.1 应有县级以上的直达公路,站牌指示醒目。

7.3.2.2 内部交通应安全通畅。

7.3.2.3 交通工具设施完好、整洁,宜使用绿色清洁能源。

7.3.2.4 停车场、游步道等旅游交通应符合 LB/T 025-2013 的要求。

7.3.3 住宿

7.3.3.1 应保证选址科学,布局合理,便于集中管理。

7.3.3.2 学生宿舍应配有沐浴设施、床铺及床上用品、存储柜等。

7.3.3.3 酒店类住宿的总体服务质量和安全管理应符合 GB/T 14308-2010 的要求。

7.3.3.4 集体住宿应男女分室,保证设施安全、卫生洁净。

7.3.3.5 宜设野外露营点,选址科学合理,符合 GB/T 31710.3-2015 的要求。

7.3.4 安全设施

基地自身及食宿合作单位的安全设施均应符合以下条件:

7.3.4.1 应配置齐全,包括流量监控、应急照明灯、应急工具、应急设备和处置设施。

7.3.4.2 应标识醒目,包括疏散通道、安全提示和指引标识等。

7.3.4.3 应在出入口等主要通道和场所安装闭路电视监控设备,实行全天候、全方位录像监控,保证电子监控系统健全、有效,影像资料保存 15 天以上。

7.3.4.4 基地内禁止存放易燃、易爆、腐蚀性及有碍安全的物品。

7.3.4.5 应设有安全和紧急避险通道,配置警戒设施。

7.3.4.6 大型活动场所的安全通道和消防设备应有专人负责,确保设施完好有效。

7.3.4.7 住宿场所应配有宿舍管理人员负责学生安全,安排保安人员昼夜值班巡逻,保障学生的财产和人身安全。

7.3.4.8 应配备消防栓、灭火器、逃生锤等消防设备,保证防火设备齐备、有效。

7.3.4.9 应保证消防通道畅通,消防安全标识完整、清晰,位置醒目。

7.3.4.10 消防应急照明和疏散指示系统应符合 GB 17945-2010 的要求。

7.3.4.11 基础救护设备应齐备完好,与周边医院有联动救治机制。

7.3.4.12 应设有治安机构或治安联防点,与周边公安、消防等机构有应急联动机制。

7.3.4.13 危险地带(如临水、交通沿线)应设置安全护栏和警示标志,并保证其醒目、健全。

7.3.4.14 游览娱乐设施的使用及维护应符合 GB 8408-2008 的要求。

7.3.4.15 出入口应方便游客集散,紧急出口标志明显、畅通无阻。

8 安全管理

8.1 应制订研学旅行活动安全预警机制和应急预案,建立科学有效的安全保障体系,落实安全主体责任。

8.2 应有针对性地对参与研学旅行师生进行安全教育与培训,帮助其了解有关安全规章制度,掌握自护、自救和互救方面的知识和技能。

8.3 应设立安全责任机制,与参加研学旅行学生家长和开展研学旅行的相关企业或机构签订安全责任书,明确各方安全责任。

8.4 应设置安全管理机构,建立安全管理制度,建立安全事故上报机制,配备安全管理人员和巡查人员,有常态化安全检查机制和安全知识辅导培训。

8.5 应为研学旅行学生购买在基地活动的公共责任险,并可根据特色活动需求建议或者协助学生购买相应特色保险。

8.6 应建立健全服务质量监督保证体系,明确服务质量标准和岗位责任制度。

8.7 应建立健全的投诉与处理制度,保证投诉处理及时、公开、妥善,档案记录完整。

8.8 应对基础设施进行定期管理,建立检查、维护、保养、修缮、更换等制度。

8.9 宜建立结构合理的专职、兼职、志愿者等相结合的基地安全管理队伍。

9 合格认定

9.1 合格认定应以本标准规定的全部条件("宜、可"项目除外)为依据。

9.2 全国研学旅行基地认定委员会(以下简称"认定委员会")负责组织全国研学旅行基地(营地)的认定准入工作,制定认定工作的实施办法,对申请认定的单位进行认定。

9.3 经认定委员会审核认定达标的基地,认定委员会应做出批准其为全国研学旅行基地(营地)的批复,并授予证书和标志牌。基地证书和标志牌由认定委员会统一制作、核发。

9.4 全国研学旅行基地(营地)标志牌的有效期为 3 年。对已经获得证书和标志牌的基地实施动态管理,有效期期间每年应通过年度复核检查,期满后应进行重新认定。

9.5 对于经复核认定达不到标准要求的，认定委员会应做出撤销全国研学旅行基地（营地）的批复。

9.6 经认定委员会审核认定达到标准要求的基地，认定委员会将根据工作安排及时予以公示，并在中国旅行社协会官方网站、官方微信上同时公告，并向全体会员及合作媒体进行推介。

附录 B
研学旅行中的常见问题

下面列举一些常见的研学旅行过程中的出现的问题。

旅行过程中,一本合格的急救手册,必须把常遇到的急救场景,快捷有效地展示出来。这本急救手册无论是在日常生活中,还是研学导师带学生研学时,都有非常重要的作用,应收藏起来,人手一份!

(一) 烫伤

1. 急救办法

一旦发生烫伤后,无论是开水烫伤还是蒸汽烫伤,应先降低烫伤皮肤温度,减少烫伤处的进一步损伤,同时用水冲洗也能减少疼痛。立即将被烫部位放置在流动的水下冲洗或是用凉毛巾冷敷,如果烫伤面积较大,伤者应该将整个身体浸泡在放满冷水的浴缸中。可以将纱布或是绷带松松地缠绕在烫伤处以保护伤口。

如果伤口没有破开,则浸泡 10 分钟左右;如果伤口已经破开,就不可再行浸泡,以免感染。

烫伤过于严重时,达到三级烫伤时应先用干净纱布覆盖或暴露,并迅速送医院治疗;达到二级烫伤时如果面积大于手掌的话,患者也应去医院就诊。医生专业的处理方式可以避免留下疤痕。烫伤处应避免在阳光下直射,包扎后的伤口不要触水,烫伤的部位也不要过多活动,以免伤口与纱布摩擦,增加伤口的愈合时间。

2. 禁止

不能采用冰敷的方式治疗烫伤,冰会损伤已经破损的皮肤导致伤口恶化。不要弄破水疱,否则会留下疤痕。也不随便将抗生素药膏或油脂涂抹在伤口处,这些黏糊糊的物质很容易沾染脏东西。当烫伤处在有衣物覆盖时,不要着急脱掉衣物,以免撕裂烫伤后的水疱,可先用水冲洗降温,再小心地去掉衣物。

(二) 发烧

1. 急救办法

(1) 用稍凉的湿毛巾(约 25 ℃)在额头、脸上擦拭。

(2) 用温水(37 ℃左右)冲澡,可使皮肤的血管扩张,体热散出;将发烧后的汗渍洗去,清洁的皮肤会有利于康复。

(3) 体温 38 ℃以上者可使用冰袋降温,注意在冰袋外面包裹干毛巾或棉垫,避免冻伤皮肤;冰袋可放置于腋下或大腿根部等血管丰富部位,有利于散热。

(4) 用 70% 的医用酒精擦拭四肢及背部,酒精的挥发作用可有效降温。

2. 注意事项

(1) 卧床休息:发烧时应卧床休息,以利于体力恢复,早日康复。

(2) 补充水分:发烧时,汗液增多,体内水分和盐分会同时加快流失,应该多饮用凉白开、果汁等,注意补充盐分。

(3) 避免捂汗,因为这会使身体不易散热,而且加重发汗,引起脱水并加重不适。

(4) 及时就医:出现发热时,必须及时就医,查明病因;遵照医生嘱咐,定时定量服用退烧药物,以及对病因进行治疗。

(三) 牙痛

1. 急救办法

(1) 盐水或酒具有杀菌功效,用它们漱口几遍,可减轻或止住牙痛。

(2) 用手指按摩压迫合谷穴(手背虎口附近),可减轻痛苦。

(3) 如果伴有牙根跳痛,多为牙龈脓肿引起,可用冰袋冷敷颊部缓解疼痛。

2. 禁止

睡前禁食含有糖分或米面类食物,否则会加重细菌在口腔的繁殖。勿吃冷、热、酸、硬的食物。

3. 注意事项

(1) 牙齿重在保健,牙病重在预防。关键在于保持口腔卫生,要坚持早晚刷牙、饭后漱口的好习惯。刷牙的动作应该轻柔,方向应与牙缝方向一致,这样既可清洁牙缝中的食物残渣,又可以按摩牙龈,促进牙周组织的血液循环。

(2) 上火的时候容易诱发牙痛,故应进清淡饮食,保持心情的平静,避免上火。

(3) 止痛不等于治疗,许多牙痛背后隐藏着其他疾病,当用上述方法不能止痛时,应及时到医院查明病因并对应治疗。

(四) 食物中毒

1. 急救办法

(1) 如在进食时间的 1~2 小时之内,可采取快速饮用冷盐水、姜汁等催吐,也可用手指、筷子或鹅毛刺激咽喉催吐,尽快排出毒物。

(2) 如进食中毒食物时间已超过 2 个小时,则可服用番泻叶等泻药促进毒物排泄。

(3) 如果吃了变质的鱼、虾、蟹等而引起食物中毒,可取食醋 100 毫升,加水 200 毫升,稀释后一次服下。

2. 禁止

一旦怀疑食物有毒,应立即停止或禁止他人食用该食物;并妥善保存食物,避免他人误食。

3. 注意事项

(1) 购买和食用包装食品时,注意查看食物生产日期、保质期和生产单位。

(2) 加工、储存食物时要生、熟分开,隔夜食品在食用前必须加热煮透。

(3) 烹调食物和进餐前要注意洗手。接触生鱼、生肉和生禽后必须再次洗手。

(4) 进餐后如出现呕吐、腹泻等食物中毒症状,要立即自行救治;如果症状不能缓解或加重,需立即前往医院进行救治。

(五)酒精中毒

1．急救办法

(1) 禁止醉酒者继续饮酒。

(2) 可以用刺激咽喉的办法(如用勺子、筷子等)引起呕吐反射,将含有酒精的胃内容物尽快呕吐出来(已出现昏睡的醉酒者禁用此方法)。

(3) 严重的急性酒精中毒,会出现烦躁、昏睡、脱水、抽搐、休克、呼吸微弱等症状,应该从速送医院急救。

2．注意事项

(1) 不宜用咖啡和浓茶解酒。

(2) 饮酒前喝牛奶可保护胃黏膜。

(3) 注意醉酒者的保暖以预防肺炎,避免呕吐物阻塞呼吸道;正常情况下醉酒者一觉醒来即可自行康复;如醉酒者久睡不醒,应立即送医院救治。

(六)中暑

1．急救办法

(1) 出现中暑先兆时,立即撤离高温环境。在阴凉处安静休息,并补充含盐饮料;如果呼吸停止时立即进行人工呼吸。

(2) 将中暑者抬到阴凉处或者有空调供冷的房间平卧休息,解松或者脱去衣服。

(3) 用水浸透的毛巾擦拭全身,通过蒸发降温。

(4) 如降温处理不能缓解病情,则为重症中暑,需及时送医院做进一步处理。

2．注意事项

(1) 人中暑之后很虚弱,在恢复过程中,应进清淡、比较容易消化的食物,补充必要的水分、盐、热量、维生素、蛋白质等。

(2) 中暑后不要一次大量饮水。中暑者应采用少量多次的饮水方法;严格的补水方法需经过医生的测算,不可多补,也不可少补。

(3) 中暑重在预防,长时间在高温下工作或走路时,要戴上草帽或太阳帽,注意休息,也可以合理安排作息时间,如早出工、中午多休息、晚收工等,出汗多时要多喝些淡盐水。在室内工作时如果气温过高,也会发生中暑,要让空气流通,并根据劳动和工作环境而采取相应的防晒措施。

(七)腹痛

1．急救办法

(1) 约25%的急性腹痛需要紧急处理。有一种腹痛称为即刻致命性腹痛,表面上是腹痛,其实是由急性心肌梗死引起,可迅速导致死亡。患者应立即就地平卧,尽量放松全身,同时立即拨打急救电话,在专业急救人员陪护下才能去医院。

(2) 对于一般性腹痛,患者保持安静,取俯卧位可使腹痛减轻,可用双手适当压迫腹部使疼痛缓解；蜷起双腿放松腹部肌肉,可缓解腹痛；有时用热水袋热敷、按摩也可缓解。

2. 禁止

任何病因的急性腹痛都应暂停进食、饮水。

3. 注意事项

(1) 腹痛伴发热、腹泻往往提示有急性胃肠炎,可在医生指导下适量口服抗生素。

(2) 腹痛剧烈而病因尚未查清前,慎用止痛剂,忌用吗啡、哌替啶之类的药物,以免掩盖病情。

(3) 持续或剧烈的腹痛不能缓解者,应前往医院查清病因并及时治疗。

(4) 对慢性间歇性发作的腹痛伴有便血、大便形态改变者,要排除腹部肿瘤的可能。

(八) 流鼻血

1. 急救办法

站在水龙头旁,一手捏住鼻梁下方的软骨部位,持续 5~15 分钟,同时另一手不停接取冷水拍到面部,降低面部温度,以达到收缩血管的作用。一般的流鼻血通过这样的方法能够很快止住。

2. 禁止

流鼻血时,禁止将头向后仰起,那样容易使鼻血流进呼吸道并吸进肺里,不仅不能止血,而且易引发其他危险。

3. 注意事项

(1) 因空气过于干燥可诱发鼻腔出血,所以应保持一定的空气湿度。

(2) 老人平日活动时动作要慢,切勿用力擤鼻；对于鼻出血儿童,应纠正其挖鼻、揉鼻、好奇放置异物等易导致黏膜损伤的不良习惯。

(3) 上火的人容易流鼻血,饮食方面应多吃水果蔬菜,忌辛辣刺激饮食。

(4) 急性流鼻血超过 20 分钟不能止血的,需要找医生查找原因；长期反复流鼻血的,需要警惕鼻咽部肿瘤、肺出血及白血病等严重疾病。

(九) 癫痫

癫痫即俗称的"羊角风"或"羊癫风",是大脑神经元突发性异常放电,导致短暂的大脑功能障碍的一种慢性疾病。癫痫可反复发作数十年之久,给个人造成严重的不良影响。

1. 急救方法

(1) 有发作病史的患者应及时告知家属或周围人。尽快将患者扶至床上,也可顺势使其躺倒,防止意识突然丧失而跌伤,迅速移开周围硬物、锐器,减少发作时对身体的伤害。

(2) 迅速松开患者衣领,使其头转向一侧,保持呼吸道通畅；不要向患者口中塞任何东西,不要灌药,防止窒息。

(3) 抽搐发作时患者牙关紧闭,要注意咬伤舌头的可能；不要在患者抽搐期间强制性按压患者四肢,过分用力可造成骨折和肌肉拉伤,增加患者的痛苦。

(4) 癫痫发作一般在 5 分钟之内都可以自行缓解。如果连续发作或频繁发作,一次发作的时间持续 5 分钟以上时,要及时将患者送到医院继续抢救。

2. 注意事项

(1) 癫痫的病根主要是婴幼儿时期留下的,所以预防要做到以下几点:孕期头三个月,一定要远离辐射,避免病毒和细菌感染;分娩时避免胎儿缺氧、窒息、产伤等;小儿发热时应及时就诊,避免发生高热惊厥,损伤脑组织。

(2) 确定有癫痫的患者需要定期门诊进行正规治疗;生活方面,要避免咖啡等及辛辣刺激性饮食,戒烟、戒酒;禁止驾驶汽车;禁止在野外游泳;不宜在高空作业等。

(十) 神经衰弱

1. 症状

神经衰弱是指长期处于紧张和压力下,出现精神易兴奋和脑力易疲乏现象,常伴有烦躁、易激惹、睡眠障碍、肌肉紧张性疼痛等。

2. 救治方法

(1) 虽然神经衰弱是功能性疾病,但许多器质性疾病会首先表现为神经衰弱,所以必须首先排除隐藏的器质性疾病,以免延误病情。

(2) 抗焦虑药物可改善患者的焦虑和抑郁,也可使肌肉放松;体育锻炼,旅游疗养,调整不合理的生活方式也可以改善紧张状态、缓解精神压力。

(3) 深呼吸练习和肌肉放松训练能够在很短的时间内进入全身放松状态,达到自我调节的目的。

(十一) 胃痉挛

1. 原因

胃痉挛即胃部肌肉抽搐,主要表现为上腹痛,呕吐等。胃痉挛本身是一种症状,出现胃痉挛时,主要对症治疗,解痉止痛止呕,如果常出现胃痉挛,应注意寻找原因,从根源上医治。

胃痛的常见但并非唯一的原因就是大吃大喝。有些人并未暴饮暴食,但也可能患胃痛,极可能和吸烟或服药有关。生气、精神紧张及压力过大等可以诱发胃痉挛。

2. 救治方法

(1) 药物治疗:①间苯三酚联合兰索拉唑治疗胃痉挛疗效较好,安全性高。②25%葡萄糖溶液2支,山莨菪碱(654-2)注射液2支,利多卡因1支,三者混合后口服(谨遵医嘱,切忌自行乱服药物)。

(2) 食疗:取生大葱去皮去叶留葱白及须根,与生姜同捣烂,加入小米干饭,放锅内炒热后洒酒翻炒至烫手取出,用布包好,外敷胃区。注意温度适宜,防止烫伤皮肤,一般用药后立即见效。

(3) 中医刮痧治疗:应用刮痧疗法可疏通经络、运行气血,使胃部疼痛缓解。

(4) 穴位刺激法:以指压刺激梁丘穴,朝大腿方向加压时,震动较强,可用大拇指用力地压。每次压20秒,休息5秒再继续。如此重复数次,疼痛便可渐渐消退。

(十二) 蜜蜂蜇伤

1. 症状

人被蜜蜂蜇伤后,局部有疼痛、红肿、麻木等症状,数小时后能自愈;少数伴有全身中毒症状,刺伤处出现水疱。

2. 急救方法

(1) 局部处理：伤口残留毒刺的立即拔出或用针挑出，但勿挤压蜇伤处，以免增加毒液的吸收；也不可用嘴吸出毒素，那样可能让毒素从口腔的微小损伤进入体内。蜜蜂蜇伤，因其毒液多为酸性，可用肥皂水、3%氨水或5%碳酸氢钠溶液涂敷蜇伤局部；黄蜂蜂毒与蜜蜂蜂毒不一样，为弱碱性，所以局部可用食醋或1%醋酸擦洗伤处。

(2) 止痛：蜇伤局部疼痛剧烈时可在伤口近心端皮下注射盐酸吐根碱30毫克。重症心脏病、高度贫血、肝肾功能明显减退者及即将手术的患者、老弱患者、孕妇与幼婴儿均禁用。使用本品期间，禁酒及刺激性食品。

(3) 全身症状处理：轻者可口服抗组胺药；重者皮下注射或肌内注射1∶1000肾上腺素0.5~1毫升或静脉滴注氢化可的松100~200毫克或地塞米松5~10毫克。

(4) 当蜂毒剧烈时，因过敏性休克发生心跳呼吸停止的则应立即现场进行心肺复苏；并等待急救车前来救援。

(十三) 抽筋

1. 症状

抽筋即肌肉痉挛，指肌肉突然不自主地强制收缩而造成肌肉僵硬疼痛的现象。腿抽筋最常见，大多是缺钙、受凉、局部神经血管受压引起。一般发生突然，而且剧烈，但是持续的时间不长，只有几分钟。

2. 急救方法

(1) 可以帮助患者按摩或牵拉受累的肌肉，以减轻患者的疼痛。反复牵拉，一直到症状缓解；如果在游泳时突发抽筋，切不可惊慌呼叫，否则只能呛水甚至溺水。需要立即镇定，完全放松抽筋的肢体，而不是试图用力去对抗，那样只能加重抽筋和疼痛。保持漂浮状态，鼻孔浮出水面时立即吸气，沉在水面下则用嘴呼气，只要能坚持一两分钟，痉挛的肌肉可自行放松。

(2) 抽筋缓解后，如果仍有疼痛，可在局部使用热水袋或热毛巾热敷，或者洗热水澡。

(3) 如果半夜出现小腿抽筋，可以利用墙壁压挡脚趾，将腿部用力伸直，直到疼痛、抽筋缓解，然后进行按摩。

3. 注意事项

(1) 平时可适量补钙，多晒太阳，注意局部保暖，多吃肉类、鸡蛋、甜食，适量摄入脂肪、蛋白质等物质，以增加体内热量，可有效减少抽筋。

(2) 忌在饥饿、疲劳时游泳。在饥饿、疲劳时，肌肉遇到冷水的刺激，容易发生抽筋；避免穿不合脚的鞋子，注意体位的变化，如坐姿、睡姿的改变，避免神经血管受压；也可做局部肌肉的热敷、按摩，加强局部的血液循环，避免抽筋。

(3) 如果抽筋持续发生，原因不明，这时就需要去医院检查，以找出潜在的原因。

(十四) 木刺

1. 症状

生活中，手指常被木刺、竹篾或针刺扎伤，使人疼痛难忍。其实，被刺伤的伤口疼痛或出血可能是次要的，应特别注意有无木刺残留在伤口里，一旦木刺残留，就有可能使伤口化脓,易于破伤风细菌的侵入繁殖和感染,故必须取出异物。

2. 急救措施

(1) 尽快将木刺取出。用手指紧紧地抓住木刺,慢慢地取出,即使痛也要取。

(2) 如果木刺外露部分很短,镊子无法夹住时,可用消毒过的针挑开伤外的外皮,适当扩大伤口,使木刺尽量外露,然后用镊子夹住木刺轻轻向外拔出,将伤口再消毒一遍后用干净纱布包扎。

(3) 挤出伤口处的淤血,伤口处的淤血有可能有污染,为了防止伤口感染,必须要将淤血挤出。

(4) 用流动的清水对伤口及伤口周边进行认真的冲洗,冲掉残留的淤血。擦干后再用碘酒消毒伤口的周围一次,再用酒精涂擦2次,用消毒纱布包扎好。

(5) 切记即使刺入过深的木刺取出了,也应到医院注射破伤风抗毒素(TAT),以防万一。

(十五) 异物入眼

1. 症状

俗话说,"眼里揉不得沙子"。任何细小的物体或液体,哪怕是一粒沙子或是肥皂沫进入眼中,都会引起眼部疼痛,甚至损伤角膜。出现异物入眼,不应惊慌,而应根据具体情况,慎重处理。

2. 绝对禁止

绝不能揉眼睛,也不能闭眼转动眼球,无论多么细小的异物都会划伤角膜并导致感染。如果异物进入眼部较深的位置,那么务必立即就医,请医生来处理。

3. 急救方法

(1) 如果粉尘等异物入眼,应轻轻翻开眼皮,人体产生的泪水有冲刷异物的作用。如此法无效,请别人把眼皮翻开,用清水湿润的清洁棉签将异物轻轻擦掉。

(2) 如果是腐蚀性液体溅入眼中,应立即在现场找到清洁水源(自来水等),迅速冲洗眼睛15分钟以上。具体方法:翻开上下眼皮,让缓慢流动的水流直接流过眼球表面;或用脸盆盛满清洁的水,将眼睛浸入水中,连续做睁眼闭眼动作。冲洗完后,立即去医院急诊。

(3) 如果是刀刺伤等严重的异物伤害眼睛,切忌擅自拔出异物,否则可能直接损伤可能还有视物功能的眼睛,或者引起大出血。需要立即送医院由眼科医生处理。

4. 注意事项

粘在角膜(黑眼珠)上的异物最好让医生处理;出现眼内异物,一定要及时将隐形眼镜摘掉。

(十六) 扭伤

1. 急救办法

扭伤是关节部位的损伤。一旦受伤,应立即用弹性绷带包好,并将受伤部位垫高,避免再次损伤。在扭伤发生的48小时之内,受伤部位的软组织渗出加重,应该用冰袋冷敷,减少渗出,每小时一次,每次半小时;48小时之后,受伤部位开始吸收之前的渗出,这时应该换为热敷,加快受伤部位的血液循环可以加快消肿。

2. 禁止

禁止活动受伤的关节，否则容易加重韧带损伤，留下不可逆转的后遗症。

3. 注意事项

如果经上述方法处理，7天之内不能缓解甚至加重，可能存在骨折、肌肉拉伤或者韧带断裂，需要立即到医院检查、治疗。

（十七）头痛

1. 急救办法

（1）头痛时应该寻找安静的房间休息，保持环境的整洁和空气流通，避免情绪波动；用冷（热）毛巾敷前额都可以起到止痛效果，使用家用吸氧机适当吸氧也可以缓解头痛。

（2）头痛难忍时，用双手手指按压左右两侧的太阳、合谷等穴位，通常可以减轻头痛。

（3）止痛药对头痛通常有效，非甾体抗炎止痛药疗效确切，不会成瘾，是头痛最常使用的止痛药，常见的有阿司匹林、布洛芬、消炎痛等。服用止疼药需要警惕掩盖病情。

2. 禁止

头痛患者应减少巧克力、乳酪、酒、咖啡、茶叶等易诱发疼痛的刺激性食物。同时口味饮食应清淡，忌辛辣刺激、生冷的食物；禁止直接向患者面部吹风。

3. 注意事项

（1）头痛可以是一般性疲劳、紧张的表现，也可以是某些严重疾病，如脑肿瘤、高血压病等的伴随信号，如果反复出现头痛且不能缓解，需要引起注意。

（2）外伤后引起的头痛，常伴眩晕、失眠、健忘等。如头痛日渐加重，且出现呕吐及意识障碍时，应警惕颅内血肿可能，必须及时去医院就诊。

（十八）指甲受挫

1. 症状

在日常生活中，常有指甲被挤伤的意外事故发生。但只要甲床完好，将伤口处理好避免感染，新的指甲能很快生长出来。

2. 急救方法

（1）指甲被挤掉时，指甲如未完全脱落，不要强行将其剥离。最重要的是防止细菌感染。把受伤的手指（脚趾），用纱布、绷带包扎固定，再用冰袋冷敷。然后把伤肢抬高，立即去医院救治。

（2）需要用手工作的指甲破裂者，比如文员、运动员，在治疗期间，可用指套保护手指末节，但要定期打开查看，以免引起感染。

（3）如果因外伤引起甲床下出血，血液集聚使甲床根部隆起产生巨大压力，疼痛难忍不能入睡时，可在淤血处用烧红的缝衣针扎一小孔，将积血排出，消毒后加压包扎指甲。注意：不要扎得太深，否则会破坏甲床。

3. 注意事项

（1）指甲被挤掉后，如不能立即去医院治疗，须用酒精对局部进行消毒，并用清洁纱布包裹保护，不建议局部使用抗生素。这只是紧急处理，要尽快去医院诊治，等待时间不能超过8小时。

(2) 指甲缝破裂出血,不建议使用蜂蜜涂抹,糖分高容易使细菌滋生。

(3) 平时不要把指甲剪得太"秃",否则会造成指甲缝破裂出血。

(4) 指甲沟如果出现肉刺,直接撕掉,很容易导致甲沟感染,甚至面临拔甲的危险。应该用清洁的指甲剪去除肉刺。

(十九) 呼吸困难

1. 症状

成人正常呼吸频率为 16~20 次/分;呼吸困难是指患者主观上感到氧气不足或呼吸费力,而客观上,呼吸的频率、深度和节律都有所改变。

2. 急救方法

(1) 一旦出现呼吸困难,应立即让患者就地平卧,托起下颌让头过仰,这样可以打开气道,如有气道分泌物、口腔呕吐物或异物应及时清除。

(2) 注意周围环境的安全,避免在急救时引起次生损伤;尽量使患者保持安静,避免情绪紧张导致气道痉挛,以防加重呼吸困难。

(3) 如果患者呼吸困难,同时有粉红色泡沫样痰,可能是由急性心力衰竭引起的,应让患者取半卧位或坐位,这样可以减少肺部充血,也可以增加腹式呼吸。

(4) 如果出现呼吸心搏骤停,应立即进行人工呼吸和心肺按压;同时呼唤身边的人拨打 120 急救电话。

3. 注意事项

(1) 肺部和支气管疾病及心脏病是引起呼吸困难的多见原因。这些患者出现症状时应保持半坐体位,使呼吸道通畅,可服用祛痰药,但不要使用镇静剂,以免发生危险,有条件时可吸氧,呼吸困难一般可以改善。

(2) 如果在运动时出现呼吸困难,可能是由于心脏病或者是呼吸系统疾病导致;如果在吃饭时突然发生呼吸困难,可能是由于窒息,需要紧急清理堵塞的气道。

(3) 各种原因引起的中毒也可导致呼吸困难。如果出现一氧化碳中毒,应立即使患者脱离中毒现场,或关闭气阀并保持空气流通;如果患者患有糖尿病,出现呼吸困难、呼出烂苹果气味,并出现神志问题,应该考虑糖尿病伴发的酮症酸中毒,此病凶险,要立即送医院抢救。

参考文献

[1] 万伟.课程的力量——学校课程规划、设计与实施[M].上海:华东师范大学出版社,2017.

[2] 蔡清田.核心素养与课程设计[M].北京:北京师范大学出版集团,2018.

[3] 黄荣怀,马丁,郑兰琴,等.基于混合式学习的课程设计理论[J].电化教育研究,2009(1):9-14.

[4] 杨龙.以学习为中心的课程实施[M].上海:华东师范大学出版社,2018.

[5] 金才兵,陈敬.好课程是设计出来的[M].北京:机械工业出版社,2015.

[6] 钟启旸.体验式课程的教学知识[M].重庆:重庆大学出版社,2012.

[7] 庞立生.教育:以创造引领可能生活[J].东北师范大学学报(社会科学版),2016(5):186-187.

[8] 尼采.教育何为?[M].周国平,译.北京:北京十月文艺出版社,2019.